KB235051

SERENDIPITY
세렌디피티

THE SCIENCE OF SERENDIPITY

This edition first published in 2012 by John Wiley & Sons Ltd.
Copyright © 2012 ?What If! Limited

John Wiley & Sons Ltd, The Atrium, Southern Gate, Chichester, West Sussex,
PO19 85Q, United Kingdom
www.wiley.com

Main photography by Jake Hilder of Jake Photography
www.jakehilderphotography

이 책의 한국어판 저작권은 PSI컨설팅이 독점적으로 소유하고 있습니다.
법률에 따라 한국의 저작권자와 본 저서 발행인 양쪽의 사전 서면 승인 없이 어떤 형태나 방법으로
복사, 검색 시스템에 저장, 또는 소개 · 배포 · 전송하는 것은 불법이며, 법적 책임을 묻습니다.

우연을 성공으로 이끄는 혁신의 힘

세렌디피티

맷 킹돈 지음
정경옥 옮김
김경훈 한국어판 개정 · 번역감수
신기호 감수

이담 Books PSi

우연을 성공으로 이끄는 혁신의 힘

세렌디피티

초판 발행 2015년 2월 3일
초판 6쇄 2019년 1월 11일

지은이 맷 킹돈
옮긴이 정경옥
한국어판 개정 · 번역감수 김경훈
감수 신기호
펴낸이 채종준
기획 조현수
편집 한지은
디자인 박능원, 조은아
마케팅 황영주, 이행은

펴낸곳 한국학술정보(주)
주소 경기도 파주시 회동길 230 (문발동)
전화 031-908-3181(대표)
팩스 031-908-3189
홈페이지 http://ebook.kstudy.com
E-mail 출판사업부 publish@kstudy.com
등록 제일산–115호 2000. 6. 19

ISBN 978-89-268-6744-0 13320

이담 Books PSi
한국학술정보주와 PSI컨설팅이 공동으로 출판한 실전형 경제경영서입니다.

이 책은 한국학술정보(주) · PSI컨설팅과 저작자의 지적 재산으로서 무단 전재와 복제를 금합니다.
책에 대한 더 나은 생각, 끊임없는 고민, 독자를 생각하는 마음으로 보다 좋은 책을 만들어갑니다.

행운이 아닌,
지혜로 이루는 혁신

'왓이프 이노베이션 파트너스'What If! Innovation Partners, 이하 '왓이프'의 창업자, 맷 킹돈의 『세렌디피티The Science of Serendipity』에 관심을 가져주신 독자 여러분께 감사의 말씀을 드립니다.

맷 킹돈은 1992년, 거대 다국적 기업인 유니레버에서의 편안한 삶을 뒤로하고, 보다 빠르고 혁신적으로 새로운 제품과 새로운 사업을 개발하기 위해 왓이프를 설립했습니다. 이후 다양한 산업의 다국적 기업들과 함께 혁신 프로젝트를 진행하면서, 맷 킹돈과 왓이프는 새로운 제품과 서비스로 소비자의 삶을 풍요롭게 하고 고객사가 성장하는 데 기여했습니다. 이 과정에서 저희는 혁신이 결코 행운이나 우연에 의해 이뤄질 수 없으며, 혁신의 이면에는 올바른 사람·행동·사상·방법이 있다는 것을 배웠습니다. 저희는 이러한 통찰과 경험을, 기업 교육 및 연수 프로그램을 통해, 구글Google과 애브비AbbiVie, 화이자Pfizer 같은 여러 고객사들와 공유하고 있습니다.

동시에, 중소기업과 컨설턴트, 일반 독자들을 위해 저희의 지혜를 책으로 정리하는 작업도 진행하고 있습니다. 그 첫 번째 작업으로 2002년, 맷 킹돈은 공동창업자인 데이브 앨런과 함께 혁신의 방법론을 체계적으로 정리한 『혁신의 기술Sticky Wisdom』을 펴냈습니다. 혁신과 관련해 실용적인 도서가 부족한 상황에서, 『혁신의 기술』은 혁신을 주도하는 여러 전문가와 실무진에게 큰 도움을 주었습니다. 저도 베인앤컴퍼니Bain & Company 서울 사무소의 전략 컨설턴트로서 신제품 개발 프로젝트를 수행할 때, 『혁신의 기술』을 읽고 도움을 얻은 적이 있습니다. 창의력에 대한 생각의 틀을 정리하고, SUNSuspendjudgment · Understand · Nurture, 아이디어를 죽이지 않고 발전시키는 방법론을 비롯한 여러 방법론을 배워서 사용하였던 기억이 납니다.

이번 『세렌디피티』를 통해, 저희의 지혜를 다시 한 번 공유하게 된 것을 매우 기쁘게 생각합니다. 전작 『혁신의 기술』이 방법론에 집중했다면, 이번 『세렌디피티』는 보다 크고 굵직굵직한 경영 이슈들 — 예를 들어, 혁신을 주도하는 인재는 어떤 특성이 있고, 일하는 환경은 어떻게 바뀌어야 하는지 등 — 에 초점을 맞추었습니다. 또한 저희가 함께 일했던 여러 고객사의 실제 사례들을 풍부하게 담고 있어, 여러분 스스로 더 많은 통찰과 적용할 요소들을 얻을 수 있을 것입니다.

특히, 『세렌디피티』 아시아판인 한글판과 중문판을 기획하면서, 저는 맥킨돈과 협의를 통해 원작을 개정하여 아시아판을 새로 만들기로 하였습니다. 저는 원작의 내용을 다시 검토하여 오래된 사례와 영국 중심 사례는 제외하고, 한국 및 아시아 독자들에게 보다 더 와닿는 사례들과 내용을 추가하였습니다. 세렌디피티라는 단어도 아시아 독자들에게는 낯선 개념인 것을 감안하여, 아시아판 본문에서는 최대한 쉬운 표현으로 수정하였습니다. 이번 한글판을 통해 보다 많은 국내 독자들이 혁신에 대한 최신 이론과 사례를 쉽게 접할 수 있게 되길 소망합니다.

왓이프의 고객사 대부분이 구글, 마스터카드, BPBritish Petroleum, 삼성, 존슨

앤존슨, 현대자동차 같은 다국적 대기업이기 때문에, 이 책의 내용도 일차적으로는 대기업을 염두에 두고 쓰였습니다. 하지만 이 책의 대부분의 내용은 중소기업과 스타트업은 물론, 학교 등 비영리단체에도 적용할 수 있는 내용입니다(왓이프는 비영리단체와도 혁신 프로젝트를 자주 진행하고 있습니다). 따라서 여러분이 소속된 조직의 크기에 상관없이, 이 책은 혁신을 주도하시는 모든 분에게 좋은 길잡이가 될 것입니다.

끝으로 한글판이 나오기까지 수고해주신 PSI컨설팅의 정재창 대표님, 이담북스의 한지은 대리님께 감사드립니다. 처음 해보는 개정 및 감수 작업에 큰 힘을 준 사랑하는 아내와 아들 요셉이, 이국땅인 상하이에서 가족처럼 마음을 나눠주시는 윤동혁·강신봉·윤제현 형제님을 비롯한 여러 지인분들께 감사드립니다. 또 멀리 있는 저희 가족을 위해 기도해주시는 양가 부모님, 특히 타국에 있는 아들을 위해 매일 아침 국내 경영 관련 기사를 스크랩해서 보내주시는 아버지께 감사하고 사랑한다는 말씀을 드립니다.

여러분에게 혁신이 더 즐겁고 쉽고 익숙한 일이 되길 바랍니다.

왓이프 이노베이션 파트너스
상하이 사무소 상무,
김경훈
http://linkedin.com/in/harrisonkim

책에 대한 찬사

기업의 혁신가를 위한 '방법'을 제시하는 궁극적인 길잡이다! 맷은 대규모의 혁신을 위해 헌신하는 모든 성실한 사람들의 챔피언이다.

— 찰스 앨런 경, CBE

영감을 주는 실용적인 책이다. 저자인 맷은 기업의 '혁신 마법의 논리'를 연구하고 그것을 실제로 일어나게 하는 새로운 기술을 우리에게 전수하고 있다. 그의 지시에 따를 준비가 되어 있는 사람만 이 책을 읽기 바란다.

— 마크 마티유, 유니레버 선임부사장

자포스에서는 기업 문화가 올바르게 자리 잡으면, '뛰어난 고객 서비스 제공', '장기간 지속될 브랜드 개발' 등의 다른 일들은 자연스럽게 일어난다고 믿는다. 이 책은 활기가 넘치고 혁신적이며 모험적인 회사를 만들 때 맞닥뜨릴 수 있는 난관들을 해결할 수 있게 해준다.

— 토니 셰이, 자포스 최고경영자,
뉴욕타임스 베스트셀러 『딜리버링 해피니스』의 저자

처음부터 끝까지 읽게 되는 드문 경영서 가운데 하나다.

— 줄리언 버킨쇼, 런던경영대학원 전략 및 기업경영학 교수

맷 킹돈은 20여 년간 혁신의 최전선에서 쌓은 경험을 엮어 이미 자리를 잡은 기업에서 열심히 노력하는 많은 영웅적인 혁신가들을 위한 매력적인 길잡이를 만들었다. 결론적으로, 당신은 혼자가 아니다. 이 책은 당신을 위한 실용적인 길잡이다.

— 존 카오, 라지스케일 이노베이션 연구소 창립자, 하버드경영대학원 혁신프로그램 창안자,
세계경제포럼의 '혁신 분야 글로벌 자문위원회' 의장, 『재밍Jamming』의 저자

나의 사업 파트너이자
이 열정적인 사업을 위해 20년 동안 나와 함께
혼신의 노력을 다한 친구
데이브 앨런에게 이 책을 바친다.

CONTENTS

혁신의
진정한 영웅들

백지 한 장에서 출발해 실제로 가치 있는 어떤 것을 만들어내는 것보다 더 신나는 일이 있을까?

무에서 유를 창조하여 시장에 나온 어떤 물건을 가리키며 "저거 내가 만들었다!"라고 말하는 것보다 더 유쾌한 일이 있을까?

인생에서 이보다 더 기분 좋은 일은 많지 않을 것이다.

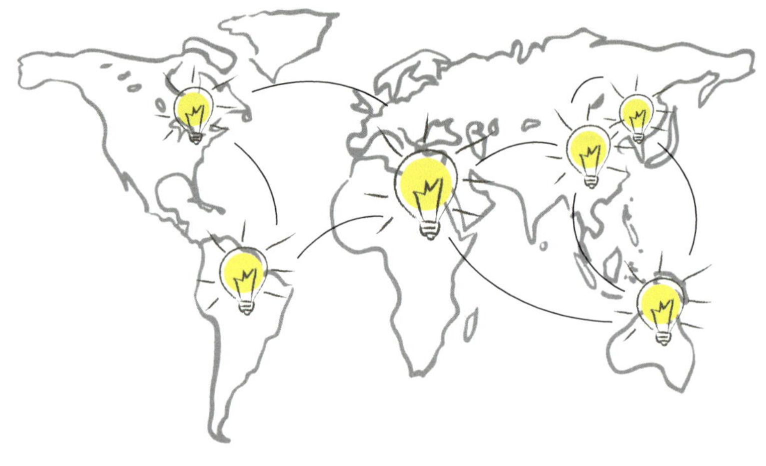

　적절한 시기에 적절한 장소에서 어느 누구도 보지 못한 것을 보고, 여러 힌트를 연결하고, 끈기를 갖고 아이디어를 실행에 옮겨 상업적인 성공으로 이끄는 것. 이는 우리가 잘 아는 혁신가들의 이야기이다.

　하지만 이제 그런 이야기는 신생 기업의 독차지가 되었다. '모험' 혹은 심지어 '혁신'이라는 단어는 수백만 달러를 척척 벌어들이는 투지가 넘치고 똑똑하고 깜짝 놀랄 정도로 젊은 사람들에게 어울리는 단어처럼 들린다.

　나는 신생 기업의 이야기만큼이나 도전적이고, 큰 보상이 따르는 이야
기를 찾고 싶다. 새로워져야 할 필요가 늘 존재하는 대기업에서 혁신의 이
야기를 만들고 싶다. 사실 모든 기업이 한때는 신생 기업이었다. 그럼에도
불구하고 많은 기업에서 그런 정신은 깊은 겨울잠에 빠져서 봄을 기다리
고 있다.

이 책은 관습적인 사고방식이 단단히 뿌리박힌 조직에서 혁신을 일으킬 수 있는 방법을 파헤친다.

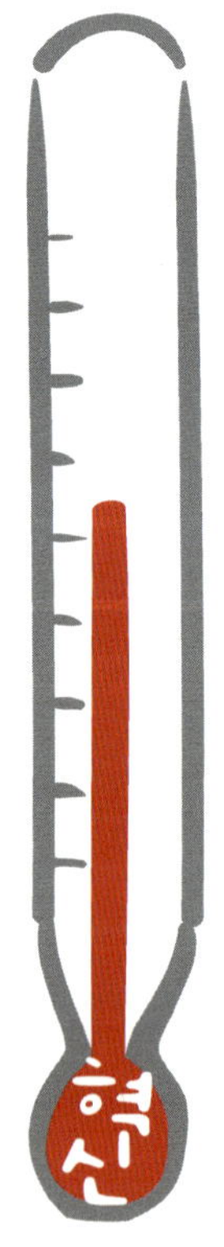

내 경험상 그런 조직은 대개 대규모 조직이다. 이 책이 기업 혁신의 최전선에서 깨달은 이야기와 교훈으로 가득한 실용서라는 것을 독자들이 알아주었으면 좋겠다.

안정된 기업은 자기만의 방식을 고수하며 새로운 제안에 대해 팔짱을 끼고 방어적인 대응을 취하는 경우가 많다. 물론 이런 기업도 어느 정도의 위험을 감수하더라도 뭔가 색다른 시도를 해야 한다는 사실은 알고 있다. 하지만 이를 실천하기에는 힘이 든다. 여기저기에 걸림돌이 있다. 그동안 위험요소를 줄이는 것에 습관이 든 탓에 이제는 그 반대로 행동하기가 쉽지 않다. 혁신을 위한 전투가 시장이 아니라 오히려 직장에서 벌어지고 있다고 해도 지나치지 않다.

왓이프?What If! 에서는 몇 년마다 고객들의 혁신 온도를 잰다. 2012년에 우리는 세계적인 대기업에서 혁신을 책임지고 있는 50명의 임원들에게 혁신의 '풍경'이 어떻게 달라지고 있다고 생각하는지 말해달라고 요청한 적이 있다. 그들은 미래가 훨씬 더 불확실하게 느껴지고, 혁신 계획을 수립하기가 극히 어려워지고 있으며, 임원들이 모호한 환경에 대처하기 위해 더 많은 준비를 할 필요가 있다고 응답했다. 또한, 파괴disruption 의 필요로 인해 구성원들은 자신의 범주와 안전지대 너머를 바라보아야 하며, 그 어느 때보다 넘어야 할 장애물이 많아지면서 이해당사자들의 관계가 점점 더 복잡해지고 있다고 답변했다.

비즈니스 세계의 진짜 영웅이 활약하는 곳은 바로 이런 곳이다. 나는 일정 규모의 혁신을 이루어 부와 고용을 창출하는 것이야말로 경영 활동 중 가장 고귀한 일이라고 생각한다. 따라서 대기업에서 혁신을 위해 열심히 노력하는 사람들과 그들이 싸우고 성공하는 과정, 그것이 우리에게 주는 교훈을 들려주고 싶다.

발명과 아이디어를 창의적으로 개발하는 능력은
근육과 같으며, 그것을 운동으로 키우거나
그대로 퇴화하게 하는 것은 본인의 선택에 달려 있다.

나는 창의력이 부족하다고 느끼는 ─ 혹은 그것이 멋진 사람들의 전유물이라고 여기는 ─ 모든 임원들에게 다시 생각할 것을 당부한다. 22년간 대기업들과 혁신을 일구어본 결과, 발명과 아이디어를 창의적으로 개발하는 능력은 근육과 같으며, 그것을 운동으로 키우거나 그대로 퇴화하게 하는 것은 본인의 선택에 달려 있다는 걸 알았다.

앞으로 5개 장chapter 에 걸쳐 사람들이 겉으로 보기에 연관성 없는 것을 연결시키기 위해 어떻게 준비하고, 자기 조직에서 그런 연결로 새로운 무언가를 만들어내기 위해 어떻게 노력하는지에 대해 살펴보고자 한다. 조직에서 '행운'의 당사자가 되고, 새로운 히트상품을 만들어내기 위해 취할 수 있는 실질적인 방법이 있다는 것에는 의심할 여지가 없다. 이 5개의 장은 대기업에서 혁신가들이 어떻게 협력하고 혁신을 성공으로 이끄는지를 가장 간단하게 설명할 수 있는 도구이다. 이 책이 이론서가 아니라 실용서인 이유는 실제 경험을 바탕으로 대규모의 혁신을 위해 고군분투하는 사람들을 도와줄 수 있기 때문이다.

근본적으로, 혁신은 인간이 영감을 받아서 새로운 시각으로 세상을 바라보고, 동료들과 협력하며, 반감을 갖고 있는 사람들에게 대응하는 방식과 가장 관련이 깊다. 대규모 조직에서 혁신을 일으키려면 결단력, 자극, 실험, 정치적인 요령의 조합이 필요하다. 나는 이 책에 여러 기업의 사례들과 그동안 관찰한 것들, 광범위한 분야에서 얻은 교훈을 담았다. 자신이 종사하는 산업의 경계 너머를 탐구하고 다른 사람들이 어떻게 혁신을 하고 있는지 들여다보는 것은 흥미로우면서도 교훈적인 경험이 될 것이다.

큰 것에서
작은 것을 거쳐
다시 큰 것으로

나는 이야기를 들려주는 것을 무척 좋아한다. 특히 혁신에 관한 이야기라면 더 하고 싶어진다. 또 그런 이야기에 담긴 드라마와 근본적인 '사람됨human-ness'을 사랑한다. 나는 혁신을 받아들일 때 진지하지만 엄숙하지는 않다. 그것은 자극적이고 재미있고 매력적인 주제이기 때문이다.

나의 이야기는 대기업과, 지금 대기업들과 협력하는 중소기업에 관한 것이다. 나는 1980년대에 거대 소비재 기업인 유니레버에서 마케터로 처음 일을 시작했다. 그리고 세상 사람들이 더 깨끗한 옷을 입고, 데오도런트를 즐겨 사용하고, 부엌을 반짝반짝 윤이 나게 닦고, 화장실 변기에 묻은 끔찍한 얼룩을 지울 방법을 연구하면서 여러 해를 보냈다. 그것은 대기업이 어떻게 소비자와 교류하며 그들을 행복하게 해줄 수 있는지를 배우는 고무적인 교육과정이었다.

그리고 29세가 되던 해인 1992년, 문득 '자아실현이란 과연 무엇인가?'에 관해 생각하는 '매슬로 모멘트Maslow Moment'를 경험하게 되었다. 나는 동료인 데이브 앨런과 팀을 짰다. 우리는 돈도, 파트너도, 아이도, 빚도 없었다. 대기업이 새로운 것을 찾는 방법을 재창조하고 싶다는 광적인 열망 외에 실제로 우리가 가진 건 전혀 없었다. 우리는 런던에서 왓이프라는 회사를 설립하기로 결심했다. 계획을 세우면서 부족한 부분은 낙천주의로 채위 넣었다.

그로부터 20여 년이 흐른 지금은 300명의 직원(우리는 그들을 '왓이퍼스WhatIfers'라고 부른다)을 두고 아시아·유럽·미국에서 지사를 운영하고 있다. 그리고 지난 20여 년 동안 수많은 대기업과 협력하면서 그들이 비즈니스에 대해 매우 혁신적인 접근을 시작하고 유지하도록 도와주었다. 혁신을 통해 성장을 가속화할 방법을 모색하는, 여러 산업 내에서 세계에서 가장 야심적인 기업들과 파트너로 일했다. 45개국에서 5천 건의 혁신 업무를 완료했으며 5만 명 이상에게 혁신의 근육을 키우는 방법을 가르쳤다.

그러나 처음에 우리는 그리 대단하지 않았다. 지난날을 돌이켜보며 우리가 얼마나 순진했는지 생각하면 몸서리가 쳐질 정도이다. 처음 맡은 혁신 과제는 제대로 성공하지 못해 고객의 얼굴을 환하게 해주지 못했다. 고객의 집으로 찾아가 충분한 시간을 함께 보내지 않았고, 아이디어 이면에 있는 상업적인 성공 가능성에 대해 고민하지 않았으며, 아이디어에 대해 "예스"라고 말해주기를 기대하는 고객사의 구성원들이 무엇에서 동기를 얻는지 이해하지 못했던 게 분명하다. 낙담한 데이브와 나는 런던 북부의 어느 싸구려 술집에 기어들어가 재앙 같기만 한 상황에 어떻게 대응해야 할지에 대해 종이에 마구 갈겨썼다. 그때는 몰랐지만 우리는 혁신의 핵심 원칙에 몰두했던 것인데, 그것은 계속 진화하여 우리 사업의 기초가 되었다. 안타깝게도 그때 낙서를 한 종이가 지금은 없지만 우리는 다음 원칙들에 대해 생각을 같이 했다.

• 창의성 하나만으로는 아무 쓸모가 없다. 한 아이디어의 성공적인 상업

적 출시가 가장 중요하다.

- 단순히 고객이 특정 카테고리에 어떻게 반응하느냐가 아니라 인생 전반을 어떻게 살고 있는지 이해하는 것이 중요하다.
- 우리는 항상 아이디어를 현실화할 것이며, 고객사의 고정관념과 은어jargon에 현혹되지 않으려고 노력할 것이다.
- 착수하는 모든 프로젝트에 대해 영감을 얻을 수 있는 새로운 방식을 시도할 것이다.
- 마지막으로, 혁신은 오로지 우리의 행동에 달려 있다. 우리가 동료의 아이디어에 어떻게 반응하는가, 서로의 아이디어에 관심을 기울이고 도와주려는 분위기를 어떻게 만들 것인가, 동료의 아이디어가 의심스러울 때 어떤 방식으로 상대를 대할 것인가 같은 행동들이 중요하다.

이런 원칙들은 20여 년 넘게 줄곧 꽤 명확하게 남아 있었다. 그동안 해를 거듭할수록, 과제를 거듭할수록 우리 회사의 동료들이 우리의 원칙을 개선하고 발전시키는 데 많은 도움을 주었다.

사업이 성장하는 데 있어 가장 중요하다고 믿는 한 가지가 있다. 그것은 편집광Paranoia이다. 나는 진심으로 이것을 좋은 것이라고 생각한다. 나는 항상 주변의 일들로 너무 속상해한다는 비난을 받는데, 이런 비난에 별로 개의치는 않는다. 매일 내 어깨 너머에 무엇이 있는지 살피는 것이 좋고, 늘 걱정하는 것을 좋아한다. 나는 쉬지 않는 사람, 항상 새로운 것을 시도하며 결코 현재에 만족하지 않는 사람이 좋다.

그래서 왓이프에서는 혁신을 위한 모든 도구, 구조, 행동, 철학 ― 독자가 원하는 대로 부르기 바란다 ― 을 실험하고 시도했다. 20년 전, 우리는 정말 수다스럽고 다국어를 구사하는 소비자들을 모집하기 시작했고 그들을 패널로 배치하여 창의성을 갖도록 훈련했다. 말 그대로 소비자들의 집에 들어가 함께 사는 방법으로 자체적인 철학을 개발했다. 또한 우리는 '순수한 전문가naive expert'라고 부를 만한 사람들을 찾기 시작했다. 이들은 우리의 고객사와는 조금 관련이 낮지만 고객사에 대해 놀라울 정도로 유용한 전문지식을 가진 사람들이었다. 우리는 고객사의 고정관념과 은어를 무시하고 그들의 소비자들이 사용하는 언어로만 말하려고 노력했다. 버스, 침실, 부엌 ― '현실'과 더 잘 연결될 수 있는 모든 곳 ― 에서 고객사 임직원들과 회의를 했다.

1990년대 중반 무렵에는 '리얼니스Realness, 현실화' 팀을 만들었다. 눈에 보이지 않는 아이디어를, 즉석에서 만질 수 있는 물리적 물체로 해석하는 일을 하는 부서였다. 우리는 절대 그런 것을 '에스노그래피ethnography'(참여관찰·심층면담 등을 통해 집단의 특성을 파악하는 조사기법으로 최근에는 마케팅, 신제품 개발, 디자인 등 다양한 분야에서 활용되고 있다―옮긴이) 나 '시제품 제작', 혹은 '고객 중심'이라는 말로 부르지 않았다. 우리에게 그것은 혁신을 위한 최선의 길을 찾는 거대한 실험일 뿐이었다. 1996년에는 혁신 기법과 융통성 있는 사고에 관한 교육 프로그램을 시작했다. 또한 우리가 세운 많은 혁신 원칙을 세계에서 가장 성공한 기업들의 교육과 개발 프로그램에 깊이 적용하였다.

10년 전부터 우리는 혁신의 세계가 얼마나 흥미로워지고 있는지 깨닫기 시작했다. 대단한 성과를 거두고 있는 기업에 관한 글을 읽는 것도 좋지만 회사를 찾아가 임원들에게 혁신이 실제로 어떻게 이루어졌는지 직접 듣는 것이 훨씬 더 효과가 컸다. 우리는 '탑독TopDog' 연수 프로그램을 개발하여 지금까지 4백 명 이상의 고위 임원을 대상으로 집중적인 몰입 교육을 실시해 왔다. 그동안 세계 최고의 혁신 기업으로 불리는 50개 이상의 조직을 방문했다. 구글, 애플, WL 고어, 월마트, 레고, 이케아 등의 기업을 가까이에서 직접 관찰했다. 연수 일정 이후에는 연수 내용의 핵심을 정리하기 위해 20명 정도의 임원들과 함께 작업했다. 우리는 그야말로 전 세계에서 최강의 혁신을 추구하고 있다.

기업 방문 기간에 우리가 고집하는 한 가지는 리더로 하여금 혁신을 위한 노력에 대해 허심탄회하게, 진심으로 이야기하게 하는 것이다. 그래서 그들에게 무대 뒤 창고나 직원식당, 혹은 하역장으로 함께 가보자고 청한다. 그러고는 우리가 들은 이야기가 맞는지 알아보기 위해 직원에게 깜짝 퀴즈를 낸다. 이런 방문, 그리고 그것이 유발하는 논쟁은 혁신이 정말로 어떻게 일어나느냐에 있어서의 흥미롭고 미묘한 차이를 드러낸다.

최근에는 고객사들이 혁신에 대해 더 욕심을 갖게 되면서 우리의 작업은 조직 변혁organizational transformation의 규모로까지 확대되었다. 대규모 조직들이 어떻게 민첩하게 일할 수 있으며 그런 방식을 어떻게 매일 이어나갈 수 있을 것인가? 우리는 혁신의 현장에서 시간을 보낸 덕분에 경영진이 추진하는 아젠다agenda, 의제, 교육 프로그램, 혁신 프로젝트에 독특하고 실용적인 관점을 덧붙일 수 있었다.

혁신,
행운인가,
똑똑한 계획인가?

이는 흥미로운 질문이 아닐 수 없다. 성공한 기업의 혁신가에게 그들이 혁신을 계획했는지 묻는다면 십중팔구는 기발한 생각, 약간의 고집스러운 투지, 그리고 큰 행운이나 '세렌디피티'가 모두 작용했다는 솔직한 대답을 듣는다.

'세렌디피티'의 개념에 담긴 진정한 의미를 이해하려면 동양에서 시작되어 수세기 동안 수없이 회자된 천 년 전의 이야기로 거슬러 올라가야 한다.

이야기는 매혹적이다. 세렌딥Serendip, 오늘날의 스리랑카로 생각된다의 세 왕자는 통치 자격을 시험하려는 부왕의 뜻에 따라 여행길에 올랐다. 그들은 여행 중에 낙타 모는 사람을 만났는데, 이 사람은 왕자들에게 자신이 잃어버린 낙타에 대해 물었다. 세 왕자는 아주 자세히 낙타를 묘사했다.

"당신의 낙타는 한쪽 눈이 멀었고, 이빨이 한 개 빠졌고, 등에 버터와 꿀을 지고 있소."

그 묘사가 너무 정확해서 의심을 산 왕자들은 투옥을 당하고 말았다. 그러나 단순히 여러 개의 개별적인 관찰을 연결하다 보니 기묘하게도 이야기가 정확하게 맞아떨어지게 되었다는 사실이 분명해지면서 나중에 사면을 받았다.

이야기인 즉, 왕자들은 여행을 하다가 가장자리의 한쪽부터 뜯긴 풀밭을 보고는, 한쪽 눈이 먼 동물 때문에 그런 일이 벌어졌다고 생각했다. 풀은 들쭉날쭉하게 드문드문 남아 있어서 짐승의 이빨이 하나 없는 것도 분명해 보였다. 그리고 길 한쪽의 개미들은 버터의 존재를, 다른 쪽의 파리들은 꿀의 존재를 암시했다. 이야기는 비슷한 맥락으로 계속되는데 뜻밖의 상황에서 영리한 세 왕자가 우연한 관찰 — 대부분의 사람들이 놓칠 수도 있는 — 을 조합하여 더욱 의미 있는 무언가로 만들고 있다는 걸 말해준다.

> 사실 그 발견 때문에
> 내가 세렌디피티를 매우 의미심장한 말이라고
> 부른다고 해도 과언이 아니다.

동화 같은 이 이야기는 16세기의 번잡한 대도시 베니스에서 인기를 끌었다. 아마도 초기 탐정소설 같은 것이었을지도 모른다. 교묘한 반전과 공감을 불러일으키는 설정으로 인해 르네상스 시대에는 그 가치가 더욱 높아졌다. 영어로 '세렌디피티serendipity'라는 말은 비교적 최근인 250년 전에 수면으로 올라왔다. 최초의 용례는 영국 수상의 아들이자 문필가로 알려진 호레이스 월폴Horace Walpole에 의해서였다. 그는 1754년에 '항상 우연과 지혜로 탐구되지 않은 것들을 발견한' '세렌딥의 세 왕자'에 대해 언급하면서 '사실 그 발견 때문에 내가 세렌디피티를 매우 의미심장한 말이라고 부른다고 해도 과언이 아니다'라고 덧붙였다.

대부분의 사전은 '세렌디피티'를 기쁘거나 이로운 일이 우연히 발생하는 것, 곧 '기쁜 사건'으로 정의한다. 그저 '세렌디피티'가 순전한 우연, 혹은 임의적인 것만을 의미하는 듯하다. 월폴이 언급한 '지혜'의 의미는 빠진 것 같다. 내가 사용하는 '세렌디피티'의 정의는 뜻밖이기는 하지만 순전한 우연에 의한 것만은 아닌 행복하고 이로운 결과이다. 행운 — '기쁜 사건' — 처럼 보이는 것이 실제로는 힘들게 얻어지는 것이기 때문이다.

행운-'기쁜 사건'-처럼 보이는 것이
실제로는 힘들게 얻어진다.

이 개념은 혁신의 현실과 완전히 맞아떨어지는 것 같다. 혁신에 성공한 수많은 이야기에는 자기 일에 몰입한 성실한 사람들이 등장한다. 정확한 목표는 불분명하지만 그들은 잘못을 바로잡고 스티브 잡스Steve Jobs의 말처럼 '우주에 흔적을 남기겠다'는 단호한 의지를 갖고 있다. 이런 사람들은 자신의 그물을 넓게 던진다. 어쩌면 그들은 폭넓은 경험을 하거나 다양성을 지닌 팀을 거느리고 있을지도 모른다. 밖으로 나가 걸어 다니며 도발적인 자극을 많이 받을수록 일정한 패턴을 발견하고 그 사이의 흥미로운 공통점을 발견할 가능성이 높아진다. 이것은 직관 근육을 활성화하며, 그들은 순식간에 자신의 직감에 확신을 갖는다. 루이 파스퇴르Louis Pasteur는 이런 점을 잘 알고 '기회는 오직 준비된 사람의 편이다'라고 말했다.

혁신의 여행을 하는 동안 어떤 기분을 느꼈는지 설명하는 이들의 말에 귀를 기울여 보라. 그들은 단 하나의 새로운 연결고리를 만들기 위해 얼마나 열심히 노력해야 하는지, 얼마나 많은 연결고리가 가치를 만들어내지 못했는지 잘 안다. 그들은 팀원들이 기회가 나타났을 때 즉시 알아보고 그것을 의미 있는 아이디어로 만들어낼 수 있도록 철저하게 준비했는지, 하지 않았는지 알고 있다. 그들에게 행운은 존재하지 않으며, 그것은 다만 낭만적이고 환상적인 개념이다. 그들은 자기 힘으로 성공을 이루었다. '행운'은 방관자에게 붙는 꼬리표일 뿐이다.

'세렌디피티'는 큰 연관성을 얻을 가능성을 더 높이도록 자신을 준비하는 것 이상의 것이다. 그것이 결과를 가져오기 때문이다. 당신이 여러 관찰 사이의 연관성을 다루는 방법을 모른다면 우연한 발견이나 혁신을 할 수 없다. 그것을 전·후반 경기라고 생각해보자. 먼저, 우리는 가능한 한 많은 자극과 만나고, 그다음에는 어떤 연관성을 찾아 창의적인 아이디어를 만들어낸다. 새로운 연관성을 우연히 만나면 혹자는 '창의성'이라는 이름을 붙일지도 모르지만 그것을 상업화하는 것은 완전히 다른 게임이다. 우리는 상업화까지 이어지는 이것을 바로 혁신이라고 생각하며, 이 게임에 관심을 갖고 있다.

열심히 준비할수록 더 많은 운이 따른다.

다양한 출처

운이 좋다는 것

1993년 8월, 12명의 남성 지원자들이 웨일스 Wales 카디프 Cardiff 에 위치한 화이자 Pfizer 임상연구소에 새로운 협심증 치료제의 효과에 대해 보고하고 있다. 그중 한 사람이 특이한 결과를 알린다. 그것은 매우 빈번하고 지속인 결과였다. 그가 어색한 분위기를 깨자 나머지 사람들 모두가 이구동성으로 같은 말을 했다.

임상의는 깜짝 놀라 실험을 주도한 화이자 연구소의 선임 화학자인 데이비드 브라운 David Brown 박사에게 뜻밖의 발견에 대해 설명했다. 이야기를 들은 브라운은 의자에서 벌떡 일어났다. 그는 자신이 뭔가 대단한 것에 다가가고 있다는 걸 알았다. 하지만 3백억 달러짜리 블록버스터인 비아그라를 발견했다고는 전혀 생각하지 못했다.

브라운은 설득 끝에 발기부전 분야의 전문가가 있는 브리스틀의 사우스미드병원에서 실험을 계속할 수 있게 되었다. 이번에는 피실험자들에게 '리지스캔 Rigiscan, 발기 능력을 측정하는 검사'이라는 장치를 차고 포르노 영화를 뵈줄 것을 부탁했다. 그런 다음 더 정상적인 상태에서 얼마나 효과가 좋은지 확인하기 위해 약을 집으로 가져가도록 했다.

일주일 후, 그들이 결과를 보고하기 위해 돌아왔을 때 예상치 못한 일이 벌어졌다. 피실험자 몇 명이 성생활이 눈에 띄게 좋아졌다며 약을 돌려주지 않겠다고 말한 것이다. 브라운은 이렇게 회고한다.

"그들이 행복해진 모습을 보니 무척 흐뭇하고 기뻤어요. 아주 오랜만에 아내와 정상적인 성생활을 할 수 있었다고 하더군요."

결국 그 남성들은 다음 임상실험을 할 때 맨 먼저 참여할 수 있다는 조건으로 약을 돌려주었다. 브라운과 연구팀은 몇 달 뒤 그 약속을 지킬 수 있게 되었다. 브라운은 이렇게 덧붙인다.

"그 프로젝트는 거의 사장될 뻔했다가 세계적으로도 최우선순위의 개발 프로그램으로 부상했죠."

1998년, 마침내 비아그라가 출시되었을 때 엄청난 기대감으로 화이자의 주가는 두 배로 폭등했다. 화이자는 그 후로 몇 년 만에 세계 최대의 제약회사로 성장했을 뿐만 아니라 한동안 시가총액으로 세계에서 가장 비싼 회사 중 하나가 되기도 했다.

이 이야기에 담긴 우연한 발견의 본질을 이해하려면 조금 더 깊이 들어갈 필요가 있다. 브라운은 여러 사건이 어우러지면서 협심증 치료제의 잠재성을 알아볼 수 있었다.

첫째, 브라운은 몇 년 앞서 발기부전으로 고통받는 남성을 돕기 위한 연구 프로젝트를 시작하기 위해 화이자의 후원을 받으려고 했지만 실패했다. 그는 당시 알려진 유일한 과학 지식을 바탕으로 두뇌에 직접 작용하여 성적 흥분을 유발하는 약품을 제안했다. 브라운은 이렇게 말한다.

"그건 개념적으로 너무 위험했기 때문에 허가를 받지 못한 게 당연했죠."

브라운은 협심증 프로젝트를 주도하고는 있었지만 발기부전 분야에서 상업적 기회를 인지했고 발기부전 약품이 중추에서, 다시 말해 두뇌에서 작용할 수 없다는 주장에 비판적이었다.

둘째, 브라운의 말을 빌리면 그의 사무실과 실험실은 "낡아서 무너질 것" 같았다.

"우리는 화학자와 생물학자로 구성된 팀 전체가 계속 부대끼며 지낼 정도로 아주 작은 공간에 틀어박혀 있었어요. 그나마 다행스러운 건 공식적인 회의가 필요하지 않을 정도로 정보와 아이디어, 의견의 교류가 끊임없이 이루어졌다는 겁니다. …… 어떻게 보면 그곳은 화이자의 사상 최대 혁신이 일어난 시간과 우연히 맞물린 건물이었죠."

아니나 다를까, 브라운이 산화질소라는 기체의 생화학적인 역할에 관한 과학적 발견에 대해 알게 된 계기도 복도에서 나눈 대화 덕분이었다. 그때까지만 해도 산화질소가 해면체의 혈관 — 발기 상태에서 확장되는 음경의 혈관 — 을 팽창할 수 있다는 것을 생각하는 사람은 아무도 없었다.

비아그라는 알려진 대로 산화질소의 효력을 강화한다. 다시 말해, 브라운과 그의 동료인 니콜라스 테렛, 앤디 벨은 예상치 못한 부작용에 대해 들었을 때 이것저것 들은 내용을 토대로 추론을 할 수 있었다. 그는 2년 전만 해도 약리학과 성욕 사이의 연관성을 이해하지 못했을 터였다.

초기의 발기부전 제안서를 통해, 그는 화이자가 이 약을 전폭적으로 지원하지 않을 것이라는 사실도 알고 있었다. 다시 말해, 화이자는 이 약이 효과가 있다는 사실에 흥분을 느낄 필요가 있었다. 카디프에서 결과가 나왔을 때 브라운은 그 약물이 발기를 촉진하는 이유를 알았을 뿐만 아니라 화이자가 연구를 지원하게 될 것이라는 예상도 했다.

화이자가 특허를 낸 비아그라의 공동발명자로 유명한 브라운은 화이자의 다른 성공적인 약품 개발에 중요한 역할을 했고, 몇 년 뒤에는 스위스 호프만-라로체의 '세계 약품 개발 책임자Global Head of Drug Discovery'가 되어 2천 명 과학자들의 연구를 주도했다. 요즘은 영국 케임브리지Cambridge의 몇몇 신생 바이오테크 회사의 이사장을 맡고 있으며 켄트의 사무실에서 보낸 옛 시절을 기쁜 마음으로 회상한다.

"가장 불편하지만 가장 생산적인 시절이었죠."

혁신가들이 보기에 비아그라를 우연히 발견한 이야기는 배울 점으로 가득하다. 브라운이 처음에 발기부전에 관한 연구를 거부당하지 않았더라면, 복잡한 연구실에서 일하지 않았더라면……. 이런 일이 없었다면 화이자는 대박을 터뜨린 제품을 절대 발견하지 못했을 것이다. 하지만 브라운과 화이자는 단지 운만 좋은 게 아니었다. 기회는 준비가 된 그를 찾아왔던 것이다. 따라서 투지, 넓으면서도 친밀한 네트워킹, 직관, 민첩성. 이런 것들은 '세렌딥의 세 왕자'라는 1천 년 전의 이야기와 현대의 비아그라 발명에서 모두 찾을 수 있는 개념이다.

너무 힘들게 생각하지 말고,
너무 많이 말하지 말고,
그냥 시도하라

혁신은 매우 사회적이다. 사람들이 서로 어떻게 지내느냐와 아주 깊은 관계가 있다. 이 책은 온갖 이상한 성격을 가진 인간들을 혁신 과정의 중심에 놓는다. 그 '과정'은 이렇게 작동한다. 적절한 유형의 사람을 찾아서 그들에게 제한적이면서도 탐험의 여지가 많은 지시를 내린다. 그런 다음 영감 넘치는 통찰을 찾아보도록 독려하고 기발한 것을 강요하지 않고 실험적인 것을 하도록 한다. 무엇보다도 그들은 넘어졌다가도 먼지를 털면서 벌떡 일어나 다시 도전할 정도로 쾌활해야 한다. 이런 점을 염두에 두고 이 책의 흐름을 살펴보자.

- 1장 '주인공'에서는 기업이라는 환경 안에서 혁신에 성공하는 사람의 자질을 탐구한다. 나는 이런 사람을 '한 순간은 선장, 다음 순간은 해적'이라고 한다. 선장과 해적은 둘 다 예측 가능하며 개성이 강하다. 이들의 심리 구조를 해부하면 혁신의 기회를 잘 활용하는 이유를 알 수 있다.

- 2장 '자극을 찾아서'에서는 바쁜 임원들이 어떻게 사무실에서 빠져나가 신선한 연관성을 찾는 습관에 빠져드는지 살펴본다. 이는 의도적으로 관리할 수 있는 과정이며 세렌디피티의 원재료이다. 또한 '마음의 준비'를 하고 기회가 찾아올 수 있게 하는 방법을 알아보는 실질적인 탐구 과정이 될 것이다.

- 3장 '아이디어를 현실로'에서는 선택이라는 혁신가의 무기에 대해 면밀하게 알아볼 것이다. 아이디어를 확장하여 입증하는 일련의 작은 실험은 혁신에 꼭 필요하다. 아이디어 형성에서 시제품 제작, 파일럿 테스트, 출시, 그리고 그 이상의 과정에 이르기까지 아이디어 실현 방법에 관한 철학과 실제에 관해 살펴볼 것이다.

- 4장 '충돌의 과정'에서는 과소평가되기 쉽지만 실제로는 혁신의 주된 원동력이 무엇인지 살펴보려고 한다. 우리 주변의 물리적 공간이 어떻게 아이디어를 연결하여 개발부터 출시에 이르는 과정을 이끌 자신감을 가져다줄 수 있는지 알아볼 것이다.

- 5장 '조직과의 전투'에서는 혁신의 현실에 대해 살펴보려고 한다. 혁신가가 기업이라는 조직과 싸운다면 어떤 종류의 전투가 기다리고 있을까? 전투 이야기로 가득한 이 장은 혁신에 성공해서 살아남은 생존자가 전하는 생생한 길잡이다.

이 책이 독자에게 전하고 싶은 메시지는 '열심히 매달리고 대담해질 준비가 되어 있다면 직접 행운을 부를 수 있다'라는 것이다.

물론 이 책에는 영국적 성향이 들어 있지만 — 나는 런던에 살고 영어로 글을 쓰고 따뜻하게 데운 맥주를 좋아한다 — 혁신은 우리 모두에게 영향을 주고 있다고 믿는다. 그것은 전 지구적인 현상이다. 나는 아시아와 중동에 살아본 적이 있고 많은 곳에서 다양한 일을 했다. 익숙한 일을 하는 방식에서도 뚜렷한 문화적 차이가 있지만, 혁신은 기본적인 본능이며 싸우거나 웃거나 몸을 부대끼는 것과 비슷하다. 우리 모두는 어디에 있든 똑같은 방식으로 그것을 한다.

나는 이 책에서 '회사'와 '조직'이라는 말을 번갈아가며 많이 사용했다. '고객customer'과 '소비자consumer'라는 용어는 다른 의미 구매자와 사용자로 쓰이며 그 둘을 정확하게 구분하려고 노력했다.

마지막으로, 혁신은 지나치게 많은 생각에 알레르기가 있다. 흔히 작업과 재작업, 논란과 재논란, 연구와 재연구를 거치면, 콘셉트와 아이디어는 별로 좋지 않은 어중뜬 것으로 바뀐다. 반짝 아이디어는 그런 식으로 시들어 사라진다. 혁신은 다이빙을 해서 뛰어드는 '실행하는' 스포츠이며 뭐라도 시도하는 것이 너무 오래 생각하거나 말로 하는 것보다 낫다. 그래서 나는 의식적으로 분석보다는 행동 위주의 내용에 편중했다. 경영자들이 일을 색다르게 시도할 때 느끼는 스트레스와 압박감을 유머러스하게 다루기도 했다. 바라건대, 그것이 여러분에게 혼자가 아니라는 위안을 주었으면 한다.

이 책은 차 한 잔을 마시며 2시간 정도면 다 읽을 수 있다. 하루 10분씩 할애할 경우, 2주에 걸쳐 읽을 수도 있다. 여러분이 이 책을 다 읽고 내려 놓은 뒤에는 전화기를 들고 동료들을 불러 내가 알려준 훈련과 활동에 본 격적으로 도전하기 바란다. 무엇보다도 도전을 두려워해서는 안 된다. 모 든 것을 올바로 할 수는 없으며 실패가 곧 위대한 승리로 이어진다는 것을 알았으면 한다.

더 많은 정보는 www.whatifinnovation.com에서 확인하기 바란다.

줄리어스 H. 콤로 Julius H. Comroe

1

주인공

The Protagonist

'한 순간은 선장, 다음 순간은 해적'

30

당신에게 지금 30초밖에 없다면…

모든 혁신의 동력은 분노, 집착, 혹은 야망 같은 인간의 감정이다.

◆

위대한 혁신과정은 빈약한 혁신가에 의해서는 이루어지지 않는다.

◆

이상적인 혁신가의 프로필은 '한 순간은 선장, 다음 순간은 해적'이다.
다시 말해, 그들은 조직을 존중하지만 숭배하지는 않는 사람이다.

◆

그들은 비합리적일 정도로 야심이 크고,
상식을 뛰어넘는 방법을 통해 혁신의 영역을 지속적으로 확장한다.

◆

하지만 그들은 병적일 정도로 자기중심적이지는 않으며
언제 말을 멈추고 귀를 기울여야 하는지를 안다.

◆

그들은 가능한 한 작게 연구를 시작하며 굳은 확신을 갖고 판단을 내린다.

◆

그들은 팀과 함께 일하지만 그 이상의 협력자들이다.

◆

매우 사교적이며 광활한 아이디어의 세계와 제한된 결정의 세계 사이에서
타인을 적절히 인도한다.

◆

별로 창의적이지 않더라도 임무를 훌륭하게 완수한다.

아트Art 는 한 세계적인 은행의 최고혁신책임자CIO, Chief Innovation Officer 이다. 그는 전 세계에서 20건 정도의 혁신 프로젝트로 이루어진 혁신 파이프라인을 지휘했는데, 각 혁신과제는 자체 손익계산서P&L 를 가진 팀들이 독립적으로 관리했다. 그런데 그가 회사의 내부 프로세스를 분석하고, 혁신 과제가 잘 추진되도록 노력할수록 사람들은 점점 더 무관심해지고 가끔은 적대적으로 변하기도 했다.

"마치 복싱 링에 아기를 밀어 넣는 것과 같아요."

아트는 그런 아이디어를 대변하는 것이 자신의 임무라고 말한다.

"그런 계획에는 더 많은 투자와 보호가 필요하죠."

아트는 자신이 몸담은 은행이 어느 정도로 혁신을 하고 싶은지, 어려운 시기에는 자기가 왜 그 일을 맡았는지 궁금해지기 시작했다.

릴리언Lillian 은 세계적인 제약회사의 블록버스터 브랜드 중 한 곳의 마케팅 책임자이다. 회사가 특허로 수익을 보호받는 기간이 8년에 불과하기 때문에 그녀는 약품 연구를 확대할 새로운 방법을 혁신하는 데 초점을 두어야 한다는 걸 알았다. 하지만 시간을 내기가 어려운 것 같았다.

"경영진 보고가 끝이 없어서 늘 위축돼 있었죠."

그녀가 말했다.

"매일 중요한 임원 보고서를 준비하라는 지시를 받아요. 내가 해야 할 일은 이 사무실에서 나가 진정한 변화를 일으킬 시장으로 가는 건데 말이죠."

대신 그녀와 동료들은 내부회의를 하거나 투자내용이 담긴 스프레드시트를 만들며 많은 시간을 보낸다.

존John 은 포장재를 생산하는 한 다국적 대기업에서 '혁신센터'를 책임지고 있다. 그는 여러 브랜드가 진출한 모든 지역에서 일어나는 연구 개발을 주도하고, 연구과학자 · 포장개발자 · 마케터로 이루어진 대규모 팀을 지휘한다. 최근 그의 회사는 특히 제품 출시 단계에서 어려움을 겪자 '혁신 규약'을 작성했다. 이제는 프로젝트마다 여러 관문을 통과해야 하는데, 관문마다 하루가 꼬박 걸리는 회의 — 몇 주 동안 서류작업과 준비를 해야 하는 행사 — 가 잡혀 있다. 1년 전에 일정이 잡히는 회의에 참석하기 위해 고위간부들은 비행기를 타고 날아온다. 존은 그 일에 많은 시간을 보내면서도 혁신은 그렇게 이루어지지 않는다는 걸 알고 있다. 그는 이렇게 말한다.

"조직에는 천천히 돌아가는 커다란 의사결정의 회전 숫돌이 있는 것 같아요. 나는 그저 혁신이라는 작은 바퀴에 불과한데, 그 큰 바퀴와 함께 돌아가는 방법을 찾을 수가 없을 것 같군요."

설상가상으로 존의 직원들은 회사를 떠나 더 작고 프로세스 지향성이 비교적 덜한 경쟁사로 옮겨가고 있다.

이런 것들은 특별한 이야기가 아니다. 혁신의 뒤를 캐면 좌절하고, 초조하고, 야심적인 사람들을 찾을 수 있다. 혁신을 밀어붙이는 것은 그런 인간적인 에너지, 곧 사람을 자극하는 사람들이다. 간혹 '혁신을 이룬' 것은 프로세스나 조직의 구조라고 주장하는 사람이 있을지도 모른다. 하지만 혁신은 사람이 이끈다. 대기업에서 새로운 것을 끌고 미는 주인공은 자신이 직면하게 될 전투에서 살아남을 특별한 자질을 갖추어야 한다. 자기가 모든 해답을 가지고 있지 않다는 것을 알 정도로 겸손하고 자신을 변호할 수 있을 만큼 자신감이 있어야 한다. 그들은 훌륭한 팀원일 뿐만 아니라 협력자이기도 하면서, 변화를 일으킬 수 있어야 한다.

그렇다면 누가 이 일을
맡고 싶을 만큼 열정적인가?

한 순간은 선장, 다음 순간은 해적

혁신 최고책임자이거나 혁신 부서의 구성원이거나 혁신 업무와 무관한 직책에 있지만 처음으로 변화를 위한 큰 프로젝트를 진행하고 있는 사람이거나, 내가 만난 대기업의 성공한 혁신가들은 대체로 공통점을 갖고 있다. 자신이 몸담은 조직을 존중하지만 숭배하지는 않는다는 것이다. 혁신가인 그들은 자신의 일을 더 잘하기를 바라지만 동시에 현상에 만족하지 않는다. '애증' 같은 심리가 작용하는 것이다. 사랑이 지나치면 비효율적인 '예스-맨Yes Man'이 되고, 증오가 지나치면 비능률적으로 고독을 즐기는 사람이 된다.

이 때문에 섬세한 균형 잡기가 필요한 것이다. 나는 이를 적절히 조절하는 사람을 '한 순간은 선장, 다음 순간은 해적'으로 묘사한다. 혁신의 리더는 한 순간은 배의 함교에 우뚝 서서 "이쪽으로 가자"며 우리 모두를 이끄는, 계획을 가진 열정적인 선장이다. 하지만 다음에 만날 때면 그 선장이 해적으로 변해 있다. 이번에는 보일러실로 내려가 소매를 걷어붙이고 선원들을 불러 모은 채 과정을 생략하고 시스템을 뒤바꾸기 위해 온갖 지략을 총동원한다. 이제 우리의 주인공은 진정으로 도전적인 질문을 던지고 있다.

"좀 다르게 해보면 어떨까? 지금까지 해오던 방식을 완전히 뒤바꾼다면 어떻게 될까?"

그래서 혁신의 리더는 한 순간은 고집스럽게 큰 그림을 고수하고 있다. 그리고 다음 순간에는 사람들에게 작은 것에 너무 열심히 매달리지는 말라고 자세한 조언을 해준다. 나는 이런 비전과 정교함의 흥미로운 조합의 근원에는 성공적인 혁신가의 결과지향성이 있다고 생각한다. 그들은 바꾸는 것에서 큰 자극을 얻으며 변화에 이르는 과정에 대해서는 그다지 관심이 없다.

다음은 '한 순간은 선장, 다음 순간은 해적'의 특성이다.

솔직히 말해서, 나는 지금까지 '한 순간은 선장, 다음 순간은 해적'의 특성 중 모든 요소에서 높은 점수를 받은 사람은 단 한 번도 만나지 못했다. 핵심은, 당신과 당신의 팀이 어느 특성에서 부족한지 파악한 뒤에 새로운 기술 개발을 위해 노력하거나 부족한 자질을 보충할 사람을 찾아야 한다는 것이다.

상상 이상으로 야심적인 사람: 항상 경계를 밀어붙인다

혁신은 돌을 멀리 던지는 사람과 더불어 시작한다. 혁신가는 그런 것에 능숙하다. 그들은 자신의 한계를 뛰어넘는 도전적인 목표가 더 나은 성과를 가져온다는 걸 잘 안다. 또한 자신의 팀이나 브랜드, 혹은 조직이 진정으로 흥미를 갖는 목표를 향해 움직여야 한다는 것도 안다. 그런 목표가 없다면 사소한 반전과 변화 같은 점진적인 개선 이외에는 무엇을 하기가 힘들다.

혁신은 그야말로 전율을 느끼게 한다. 혁신을 주도하는 리더와 그 팀의 야심은 터무니없는 수준으로 "세상에, 지금 농담해? 그걸 어떻게 하겠다는 거야?"라는 말이 나올 정도가 되어야 한다. 대기업의 성공적인 혁신가는 사람들을 위협하는 것을 주저하지 않는다. 그들은 의심하는 사람들에게 둘러싸여 있다는 걸 알면 더 환하게 웃는다. 그래야 자신이 올바른 궤도로 가고 있다고 확신할 수 있기 때문이다.

나라마다 브랜드 이름이 다른 액스Axe나 링크스Lynx는 유니레버의 대표 브랜드이자 앞에서 언급한 태도의 좋은 예다. 남성화장품 상표인 '액스'는 보디스프레이, 체취제거제데오도런트, 샤워젤, 샴푸, 헤어 스타일링 제품 등을 생산하면서 '남자가 자신감을 갖고 여자를 사귈 수 있게 해준다'는 광고를 내걸고 있다.

2002년, 유니레버의 신임 브랜드 책임자인 닐 문Neil Munn 은 주인공이 인생을 뒤바꾸는 약을 선택하는 영화 〈매트릭스〉에서 영감을 받고 '액스 공화국Republic of Axe'이라는 개념을 만들었다. 이것은 유니레버 내부에서도 남성스러운 특성을 지닌 대담한 브랜드 문화brand culture였다. 문은 이렇게 말했다.

"우리는 벽이 필요했어요. 그 안에 우리의 느낌, 우리의 맥박이 살아 있는 그런 벽 말입니다."

액스는 젊은 남성이 이성교제에 성공하도록 도와준다는 사명감을 가진 이단자가 된다는 흥분에서 동력을 얻는다. 또한 연이은 광고 수상으로(예를 들면, '당신의 몸에서 밤의 흔적을 지워주는' 피로 해소 샤워젤 광고) 성공을 가속화하면서 매년 강한 성장세를 보였다.

물론 혁신의 항해가 늘 순조로웠던 건 아니다. 텔레비전 광고가 잇따라 취소되거나 금지되기도 했다. 유니레버는 세계의 젊은 남성들이 제품을 숭배할 정도로 액스를 '과대광고'했다는 이유로 온라인상에서 여러 차례 사과문을 발표했다. 그렇다면 서프Surf, 퍼실Persil,

크노르Knorr 같은 실용적인 가정용 브랜드로 유명한 초대형 기업인 유니레버가 어떻게 그처럼 개성 강한 제품을 잉태할 수 있었을까?

2006년에 액소를 떠난 문은 이렇게 말한다.

"나는 브랜드를 지켜야 했고 나의 상사유니레버 데오도런트 부문의 사장는 나를 엄호해야 했죠. 그게 없었다면 우리는 느긋하게 실험을 할 공간도, 자신도 없었을 겁니다. 브랜드는 오로지 그런 것을 밀고 나가야 합니다."

문은 또한 사업 전반에서 상징이 된 야심적이고 효과적인 장치를 만들었다. 새로운 구성원들은 단순히 '부서에 합류'하는 대신 '진실을 파악하는' 데 동의해야 했다. 이는 신속하고 과감한 의사결정에 대한 약속이었다. 결정이 꼭 안전을 보장하지는 않는 액스 공화국즉, 전 세계의 브랜드 지사 안에서 매일 벌어지는 빠르고 대담한 의사결정에 전념하는 것이었다. 문은 마사지를 받으며 동영상으로 사업계획서를 제출하는 독특한 행동을 한 적이 있는데, 그것이 오히려 브랜드의 이미지와 완벽하게 맞아떨어졌다.

마지막으로, 문은 자신이 모선母船을 너무 멀리까지 밀어붙였지만 '대기업에서 모험 정신을 지키려면 떠나는 것을 두려워하면 안 된다'고 생각하는 순간이 여러 번 있었음을 인정한다. 그는, "대규모 기업의 역학은 빠른 의사결정과는 거리가 멀기 때문에 우리는 멈추라는 명령을 듣지 않는 한 미지의 곳까지 끌고 가려고 생각했다"고 말한다.

대기업은 초대형 유조선과 같다. 소유주가 놀라운 것을 좋아하지 않기 때문에 예측이 필요하다. 한 방향으로 느리게 움직이는 것에는 능숙하지만 빠르게 회전을 하거나 미지의 바다를 탐험하는 것에는 서툴 때가 많다. 액스의 이야기는 많은 것을 시사한다. 먼저, 혁신에는 반항적인 무리가 필요하다는 것을 말해준다. 그들은 늘 새로운 방식으로 일하고 싶어 하며, 혁신을 반문화적인 것으로 생각한다. 이런 반역의 무리는 자기들의 제안이 아무리 비이성적으로 야심적인 것 같아도 그것을 거칠고 빠르게 밀어붙인다.

액스 · 링크스의 이야기는 복잡한 전문용어가 아니라 인간적인 언어로 혁신의 목표를 표현하는 것이 더 효과적일 수 있다는 것을 말해준다. 스티브 잡스가 자기 팀에 "우리는 우주에 흔적을 남길 것"이라고 말한 것을 생각해보자. 아니면 내가 좋아하는 예로, 빅토리아 베컴 Victoria Beckham 이 있다. 그녀는 스파이스걸스 Spice Girls (그룹에서는 포시 스파이스 Posh Spice 로도 불림) 라는 그룹으로 가수 활동을 시작하면서 자신이 '퍼실 오토매틱 헨켈 Henkel 의 대표적인 세탁 세제 만큼 유명해질' 것이라고 포부를 밝혔다. 세제 제품을 취급하는 세계적인 초대형 브랜드 '퍼실'은 사실 굉장한 기준이었다. 만약 그녀가 특급 영화배우만큼 유명해지겠다고 했다면 그 목표는 거만하게 들렸을지도 모른다. 퍼실 오토매틱을 선택한 것은 이해하기 쉬웠고 그만의 매력이 있었고 기억하기 쉬웠으며 진정성을 느끼게 해주었다. 비즈니스 리더들은 전혀 예상치 못한 곳에서 얻는 교훈에 주시한다.

총체적인 과제는 혁신을 주도하는 리더가 다음과 같은 방식으로 목표를 분명하게 표현하는 것이다.

- 매일 직설적으로
- 측정가능하거나 '기준을 삼을 수' 있게
- 승리하고, 적을 쳐부수고, 세상을 더 나은 곳으로 만들고, 어마어마한 부자가 되자는 등 인간의 기본적인 본능에 호소하면서

그렇다면 혁신을 성공적으로 이끌어가려면 주인공이 카리스마를 지닌 영웅적인 인물이어야 할까? 물론 내 대답은 '그렇지 않다'이다. 대기업에서 성공적으로 혁신을 달성한 많은 사람들은 인맥을 관리하면서 다른 사람들이 갈채를 받을 수 있도록 최선을 다한다. 혁신의 리더는 다음의 행동을 깊이 생각하는 막후幕後의 인물일 수 있다.

겸손: 말을 중단하고 경청할 때를 알아야 한다

혁신가에게는 자신감과 자기의심의 적절한 균형이 필요하다. 야망은 크고 자아는 작아야 한다. 똑똑한 체하는 것, 모든 해답을 갖고 있다고 생각하는 것이 가장 위험하다.

따라서 혁신가는 언제 입을 다물고 귀를 기울여야 하는지 알아야 한다. 가설을 세울 정도로 자기 의견을 고수해야 하지만, 자기 생각이 최고가 아니라거나 다른 사람이 더 나은 생각을 할 수 있다는 걸 알 정도로 겸손해야 한다. 혁신가는 대안에 익숙하다. 유력한 아이디어를 제치고 다른 아이디어, 또 다른 아이디어를 찾아다니는 것에 능숙하다. 특정 아이디어에 지

나치게 집착하지 않는다는 것이다. '더 나은 방법이 있다면 단 하나의 아이디어라도 더 찾아보자…….' 이런 태도로 끊임없이 도전장을 내민다.

우리에게는 대안을 심사숙고하는 좋은 청취자가 필요하다. 하지만 방금 들은 의견에서 또 다른 의견으로 갑자기 건너뛰는 '갈대'는 필요하지 않다.

"얼마나 오래 듣고 있어야 하지? 언제쯤 '멈춰요. 그만하면 충분해요. 결정을 내렸으니까 이렇게 합시다'라고 말해야 할까?"

이것은 혁신가에게 정말 어려운 문제다. 내 경험에 따르면, 직장인들은 경청하는 태도만큼이나 계획을 행동으로 옮기는 것을 좋게 평가한다. 그러므로 주저하지 말고 듣기를 멈추고 행동을 시작하라.

그냥 잘 듣기만 하는 것으로는 부족하다. 좋은 청취자라는 평판도 필요하다. 왜냐하면 혁신가는 조직 전체에서 아이디어를 끌어 모아야 하기 때문이다. 혁신 부서와 어떤 아이디어에 대해 논의하는 경험은 긍정적이어야 한다. 혁신 부서가 잘 들어주지 않는다는 평판이 나 있으면 다른 직원이 의견을 제기하거나 혁신에 참여하기가 힘들어진다. 따라서 우리는 자신이 파는 제품을 경험하는 고객에게 행동하고 말하는 것과 똑같은 기준을 혁신을 위한 대화의 '경험'에 적용해야 한다. 식당의 종업원이 '좋은 서비스를 제공하는' 것과 똑같이 혁신가는 '좋은 듣기를 제공해야' 한다.

우리 고객사의 직원들은 대개 자기 회사의 소비자와는 근본적으로 다르다. 예를 들면, 젊은 여성 고객을 위해 혁신하는 중년 남성, 기술적인 문맹자를 위해 혁신하는 디지털 상식을 가진 실무진, 혹은 성실한 퇴직자를 위해 혁신하는 기발한 대학 졸업생이 있다. 이런 경우 그냥 입을 다물고 보고 들으며 고객에게 배우는 것이 중요하다.

말은 행동보다 쉽다. 우리의 용맹한 '신사' 클라이언트 가운데 한 사람은 쇼핑을 나온 젊은 싱글맘을 따라다니다가 그 여자의 쇼핑백을 들고 버스를 타서는 무심코 자기가 최근에 다녀온 스키 여행 이야기를 했다고 털어놓았다. 우리가 보기에는 그가 소비자를 만나면서 너무 긴장을 한 나머지 말을 많이 한 것 같았다. 결과적으로 그는 자기 시간을 낭비한 셈이었다. 잘해보겠다는 유혹 때문에 가끔은 입을 다물고 배경 속으로 녹아들어야 하는 상황을 인지하지 못하는 경우가 있다.

자신감: 자신을 옹호할 수 있을 만큼

혁신은 몸을 부대끼며 싸우는 스포츠다. 대부분의 기업에서는 아이디어를 찾으려고 전선을 넘나들다 보면 반드시 전투가 발생하고, 이를 위해 단단히 무장해야 한다. 이 때문에 혁신은 남의 의견에 쉽게 무너지는 사람이 할 만한 일은 아니다.

혁신의 리더가 하는 일은 주로 아직 재정 면에서 강한 확신이 없는 아이디어로 최고위직에 있는 사람이나 혁신의 필요성에 대해서조차 회의적인 사람의 관심을 끌어내는 것이다. 혁신은 흥미진진한 만큼 용기를 꺾을 수 있다. 이런 환경은 초보자는 밀어내고 전투의 상처를 가진 사람, 자기 판단에 확신이 있는 사람, 자기주장을 밀어붙이는 것을 두려워하지 않는 사람을 끌어들인다.

자신감은 이기적인 거대 자아를 갖는 것과는 다르다. 대부분의 이기적인 자아는 어떤 단계에 이르면 거대한 경력 붕괴에 직면한다. 자신감은 자기가 하는 것이 '옳다'는 신념에서 태어난다. 혁신가의 동력원은 세상이 작은 방법으로도 더 나은 곳이 될 수 있으며 자신이 그런 일이 일어나게 할 방편을 갖고 있다는 믿음이다.

지금부터 관습적인 연구를 지양하고 자기 일에 대한 '신념'을 찾으려고 노력하는 한 회사의 무대 뒤를 함께 들여다보자.

ASOS는 8억 파운드한화 약 1조 3,700억 원의 자산을 가진 온라인 패션 쇼핑몰이다. ASOS를 모른다면 지금 인터넷에 들어가 확인해보라. 노트북 컴퓨터를 이용해도 되지만 수많은 고객들처럼 스마트폰으로 쇼핑을 해보라. 마켓플레이스Marketplace에서는 독립 매장들이 최신 상품을 팔고, 패션파인더Fashion Finder에서는 ASOS가 직접 팔지는 않지만 소비자가 좋아할 만하다고 생각하는 브랜드와 제품을 소개한다. 따라서 인기몰이 중인 패션 비즈니스의 장 — 세계에서 두 번째로 최다 방문객 수를 자랑하는 패션 쇼핑몰 — 인 이곳에 들어가면 다른 사이트로 이동할 생각이 사라진다.

ASOS는 일주일에 약 1,500종의 새로운 아이템을 사이트에 올린다. 공급업체는 이름을 올리려고 치열하게 경쟁하며, 준비와 촬영, 업로드까지 걸리는 시간은 아찔할 정도로 짧은 8분에 불과하다. 제품의 범위는 어마어마하게 다양하며, ASOS 런던 본사의 복도는 최신 인기 신상품과 줄을 서서 분장 순서를 기다리는 모델들로 그득하다. ASOS는 100여 개국에서 패션에 민감한 10대들에게 영향력을 미치고 있으며, 2011년에는 매장, 광고, 심지어는 직원 하나 없이 호주와 뉴질랜드 최대의 패션 사이트가 되었다.

ASOS는 두 가지 주류의 합류 지점에 자리를 잡고 있다. 개발도상국에서 영향력을 발휘하는 10대들의 급속한 성장과 스마트폰의 멈추지 않는 행진이 그것이다. 10대가 줄을 서서 차례를 기다리거나, 지루해하거나, 잠을 못 이루거나, 버스를 기다리거나, 심지어는 변기에 앉아 있는 순간에도 스마트폰이 등장한다. 그리고 그들의 손바닥에는 매일 새로운 상품이 올라오는 매장이 있다. ASOS가 세계 어느 지역이라도 상품을 무료배송하고, 고객이 상품을 마음에 들어 하지 않으면 비용 청구 없이 회수한다는 사실을 어떻게 생각하는가?

그것은 ASOS의 최고경영자인 닉 로버트슨 Nick Robertson 의 머리에서 나온 아이디어다. 그는 사람들이 무엇을 원하는지 알아보려고 외부의 연구인력을 쓰지 않았다. 운 좋게도 소비자를 대표할 수 있고 트위터로 회사를 자유롭게 소개해주는 직원들이 있었다. 로버트슨은 이렇게 말한다.

"나는 블로그와 직원들이나 다른 사람들의 트위터를 읽어요. 우리에게 필요한 모든 의견, 모든 전략이 거기에 있죠."

소비자를 돕는 일을 한다는 확신은 회사 전체에 퍼져 있다. 로버트슨은 말한다.

"굳이 전략이랄 것도 없어요. 우리의 아이디어는 어디에 묶여 있지 않습니다. 확고한 게 없다는 거죠. 소비자, 그리고 그들이 원하는 것과 함께 시작한다면 바로 거기서 돈이 쌓이기 시작합니다."

로버트슨은 '아이러니한' 것에 대해 한마디 덧붙인다.

"ASOS가 (무료로) 더 많은 것을 줄수록 돌려받는 것도 더 많습니다. 패션파인더와 마켓플레이스는, 진심에서 한다면 쉽게 내릴 수 있는 결론입니다. 다른 기업이라면 아주 어렵고 '문제가 있다'고 생각했겠죠."

소비자를 돕는 일을 한다는 진심어린 믿음은 ASOS로 하여금 혁신을 하고 소매상의 관습을 뒤집을 수 있게 해주었다. 로버트슨은 확실히 ASOS가 '소매점'이라기보다는 하나의 '변화'라고 생각한다.

"ASOS는 패션 도우미가 아니라 패션 잡지의 성격을 지닌 매장이니까요."

로버트슨의 확신은 자신이 진심으로 믿는다는 사실에서 나온다. 그는 시장조사에 기대지 않고 수많은 결정을 내려야 했다. 그처럼 많은 소비자를 직원으로 보유한 것이나, 비즈니스 모델을 만들어 느린 동선을 즉시 제거할 수 있었던 것은 행운이었다. 하지만 혁신가가 자신의 판단을 근거로 결정을 내릴수록 더욱 직감이 발달한다는 것은 일반적인 원칙이다. 어떤 조직은 돈만 너무 많다. 그래서 연구할 필요가 없는 것을 연구하는 태만을 저지른다. 그들에게 필요한 것은 결정을 내리는 사람이다.

> 자신을 믿어라.
> 우리는 타인에게 말을 하느라 인생을 허비하지만
> 모든 사람마다 의견이 다르다.
> 그런 것에 마음을 빼앗기기 쉽지만
> 자신이 갈 방향을 알아야 한다.
> 수평선을 응시하라. 그곳이 목적지다.
> 사람들은 늘 당신에게 말을 걸 것이다.
> 하지만 가끔은 자기 자신을 믿어라.
>
> 닉 로버트슨Nick Robertson,
> 제퍼 앤 보델Jaffer and Bordell, 2011

협력: 다양하고 외적인 요소를 포용하라

팀워크와 협력 사이에는 중요한 차이가 있지만 이 두 단어는 자주 혼용된다. 혁신은 한 부서에서 서로 결집하는 직원이 필요하지만, 정작 필요한 것은 경쟁사, 공급업체, 심지어는 회사가 접촉하려는 생각을 전혀 하지 않은 외부의 사람이나 단체와 협력할 수 있는 직원이다.

팀워크는 최소한의 진전이라도 이루는
예의바른 사람들처럼 보이는 반면,
협력은 평범함을 참지 못하고 큰 변화를 추진하는
훨씬 더 강력한 개념인 경우가 많다.

팀 스포츠를 생각해보자. 승리는 대개 팀워크를 통해 얻어진다. 하지만 선수들이 승리하기 위해 '협력'한다고 하면 이상하게 들린다. 팀워크는 한계 — 경기 시간, 경기장 크기는 한정되어 있다 — 가 있기 때문이다. 경기는 규칙이 있으며, 선수들은 각자 포지션을 갖고 있다. 또한 승리로 이어지는 원인은 보통 매우 명백하다. 그러나 협력은 경계와 규칙이 분명하지 않은 다른 환경에서 이루어진다. 프로젝트가 진행되는 동안 협력하는 당사자들이 승리에 관해 분명한 그림을 갖고 있지 않은 상황에서 규칙이 설정된다는 점에서, 승리는 단지 그들이 이길 것 같다고 느끼는 것에 지나지 않는다.

팀워크는 최소한의 진전이라도 이루는 예의바른 사람들처럼 보이는 반면, 협력은 평범함을 참지 못하고 큰 변화를 추진하는 훨씬 더 강력한 개념인 경우가 많다.

협력은 당신과 당신의 팀이 모든 해답을 갖고 있지 않다는 것에 대한 인정이다. 진정한 협력이란 모든 당사자가 조금씩 마음을 터놓는 것을 뜻한다. 협력을 시도한다는 것에는 무언의 암시가 깔려 있다. '이건 혼자 할 수 없겠어요. 내가 모든 해답을 갖고 있진 않아요. 우리의 생각을 모아서 무슨 일이 일어나는지 볼까요?'라고 말하는 것과 같다. 스스로 취약하다고 느끼는 것은 협력자의 태도에서 중요한 부분을 차지한다.

그렇다면 실제의 협력은 어떤 모습일까? 먼저, 협력자들은 다양성을 정말 존중한다. 그들은 '혁신'을 가능하게 하는 '차이'를 가진 사람들에게 에워싸여 있다. 혁신가는 다른 문화와 기술을 가진 사람들에게 높은 인내를 보인다. 그들은 보통 광범위한 친구 · 지인 · 관심을 갖고 있다. 그들은 호기심이 많고 가끔은 별난 사람들이다. 두 번째, 실제로 협력은 경계가 없다. 혁신가는 조직의 다른 사람들보다 더 자주 밖을 바라본다. 그들은 사업 밖의 인맥과 연결하려고 열심히 노력하며 그렇게 하도록 자극을 받는다. 그들이 사무실에 너무 자주 있으면 오히려 업무 태만이다.

내 친구가 최근에 한 생명을 구했다. 모든 상황이 순조로웠다면 더 많은 사람을 구했을 것이다. 데이브 그린Dave Green은 보스턴에 있는 하버드 바이오사이언스Harvard Bioscience의 사장이다. 이 회사에서는 '수술이 불가능한' 말기 기도암에 걸린 36세의 남자 환자(주어진 시간이 2주에 불과하다는 말을 들었던)에게 세계 최초로 재생 기도를 이식하는 장치를 개발하고 제조했다. 수술은 2011년 스웨덴에서 이루어졌다.

여기에 관련된 과학을 간단하게 설명하면 이렇다. 엉덩이에서 줄기세포를 채취하고, 인공 해면체 복제 기도를 만들고, 안착되는 2일 동안 세포를 이어 붙여 키우고 융합시키고, 암이 전이된 기도를 제거하고 나서 새 조직을 이식하는 것이다. 몇 주 후, 환자는 퇴원했다. 사형선고는 반전을 맞았다. 혁신의 미래는 얼마나 밝은가!

데이브가 들려주는 혁신의 이야기는 이렇다.

"2004년부터 줄기세포의 힘에 관심을 갖기 시작했습니다. 그 분야에 관한 정보를 수집하고 생각나는 거의 모든 과학 잡지, 회의, 우편물 수신자 목록을 섭렵했죠. 그리고 하버드 비즈니스스쿨 의과졸업생연례회의Harvard Business School Healthcare Alumni Annual Conference의 의장을 맡기 시작했습니다. 그 덕분에 내 관심사에 관해 이야기할 수 있었고, 그 분야의 많은 전문가들을 만났으며, FDA식품의약품안전청 승인과 정부 보조금 같은 의료사업에 관해 알게 되었습니다. 의료계와는 아무런 관련이 없지만 결국은 우리 회사가 기도와 같은 고섬유질 장기를 제작할 장비를 개발할 수 있다고 생각했죠. 그래서 이 분야의 선구적인 외과의사 파올로 마키아리니Paolo Macchiarini 교수에게 연락을 해서 도움을 주겠다고 제안했어요. 그리고 그가 보낸 친절한 이메일 답변을 받자마자 이탈리아행 비행기에 올랐습니다. 다음 해에는 전 세계

의 전문가들을 한데 모았습니다. 이탈리아 · 스페인 · 영국 · 이란 · 독일 · 스웨덴 · 아이슬란드 · 미국의 전문가들로 구성된 팀이었죠. 우리가 마침내 최초로 재생 기도 이식을 시도했을 때, 수술실 안에는 20명 이상, 밖에는 그보다 더 많은 인원이 있었습니다. 그들은 각자 혁신에서 중요한 역할을 하고 있었고, 우리 중 어느 누구도 혼자 힘으로는 할 수 없는 일이었죠."

그린이 자신의 이야기 속에서 언급하는 외부의 참고 대상은 얼마나 많은가. 문헌, 인터넷, 회의, 세계적으로 유명한 외과의, 그리고 궁극적으로는 수술실에 모인 소규모 기술자 군단……. 이 이야기의 모든 주인공들은 일을 진행하는 동안 자신의 역할을 알고 있었고, 어느 누구도 이야기에서 무엇을 버릴지, 혹은 이야기가 어디서 끝날지 전혀 몰랐다. 그린은 자기 사무실 밖으로 나갔고, 적절한 사람이 있는 곳의 문 앞에 진을 쳤고, 비행기에 올라탔으며, 협력을 위해 필요한 것이라면 무엇이든 실천했다.

융통성: 확장적 사고와 수축적 사고를 잘 활용하라

혁신가는 두 개의 세계를 잘 오가야 한다. 그중 하나를 확장적 행성, 다른 하나를 수축적 행성이라고 하자. 혁신의 과정에서 우리는 한 행성에 이어 다른 행성의 궤도를 돈다. 확장적 행성의 궤도를 도는 동안 자극을 찾고, 대안을 구하며, 아이디어를 얻는다. 그리고 고의로 모든 제약을 무시하고 아이디어를 이리저리 주고받는다. 확장적 행성의 궤도를 돌면 아주 재미있을 수 있지만 그 기간이 너무 길어지면 대부분의 사람들이 화를 낸다.

어떤 단계에 이르면 추진 로켓을 입고 확장적 행성의 중력을 피해 흔히 '진짜 세계'로 알려진 수축적 행성을 향해 날아가야 한다. 이곳은 완전히 다른 세계다. 이제 우리는 각자 경험을 바탕으로 자신이 만들어낸 선택의 양을 줄여야 한다.

이 행성들 사이에서의 위치 변화는 5분짜리 대화 과정에서는 여러 번,

어쩌면 혁신 프로젝트의 주기에서는 수백 번 발생할 수 있다. 다음은 대표적인 혁신 프로젝트 과정이다.

사업 성장 목표에 대한 동의

▼

혁신 지침 개발

▼

팀 선정과 책임 프로세스 개발

▼

기회 분석

▼

자료 검색 및 의견 수렴

▼

아이디어 생성 및 선정

▼

제안서 작성, 표준 사양, 시험 프로그램

▼

투자 사례 구축, 공급량, 기술, 판로 확인

▼

투자자 관리와 출시 계약 체결

이 과정은 매우 논리적으로 보인다. 하지만 착각에 빠지지 마라. 혁신은 이런 다이어그램이 보여주는 것처럼 깔끔하고 정돈된 선형의 여정이 아니다. 당신은 이 여행을 반 정도 하다가 예기치 않은 시기에 예산을 다 써버리고, 업무가 바뀌고, 프로세스가 변경되는 일을 경험할지도 모른다. 이런 것들이 혁신 과정의 현실이다. 이런 일이 진행되는 동안 당신은 끊임없이 확장적 행성과 수축적 행성 사이를 오간다. 이런 잠재적인 혼란의 환경을 극복하는 혁신 과정의 규율을 관리하려면 확장과 수축의 상태 사이에서 대화를 유도할 수 있는 뛰어난 대인관계 기술을 가진 사람이 필요하다.

시그널링Signalling, 신호전송은 왓이프에서 만든 용어로, 이 두 가지 혁신의 세계를 오가며 항해할 때 이용할 수 있는 간단한 언어 기술이다.

신호를 보낼 필요성을 인식하고 나면, 쉽고 친밀한 대화나 집단토론의 결과에 극적인 영향을 미칠 수 있다. 매장 책임자와 직원 사이에서 오갈 수 있는 가상의 대화를 엿들어보자.

신호 (책임자)　잠깐이라도 우리가 일하는 방식에 대해서는 모두 잊기로 합시다. 직원 참여율을 높이려면 어떻게 해야 할까요?

반응 (직원)　1년에 한 번씩 단 하루만이라도 업무 교대를 하면 좋을 것 같아요.

신호　그거 재미있겠군요. 또 다른 건?

반응　최고경영자와 업무 교대를 할 수도 있겠어요!

신호	좋아요, 그 아이디어를 밀어보죠!
반응	최고경영진이 우리 일을 하고 우리는 그의 업무를 평가해서 퇴근 무렵에 평가 결과를 알려주면 되겠어요!
신호	이제 시간이 다 됐는데, 그 아이디어를 빨리 시험할 방법에 대해 누가 의견이 있으면 말해볼래요?
반응	교대를 하는 부서 하나를 두면 좋겠다는 생각이 들어요. 그 부서가 잘 돌아가면 매장 전역으로 확대해보고, 그것도 원활하면 최고경영진을 참여하도록 초대하면 좋겠어요.

시그널링은 상대로 하여금 당신이 바라는 반응을 의식하게 한다. 앞의 대화에서 신호가 어떻게 팽창하고 수축하는지 알 수 있는가?

모든 독창적인 대화에는 중요한 순간이 있는데 대개 이렇게 나타난다.

"난 이런 생각을 하고 있는데 아직은 완전하지 않아요. 좀 이상하게 들릴지도 모르지만 내 생각이 완전해지도록 좀 도와줄 수 있어요?"

이것은 큰 신호이다. '이 아이디어에 재를 뿌리지 마라'라고 말하고 있다. 이걸 무시한다면 위험을 자초하게 된다.

많은 도움이 되는 또 다른 신호가 있는데, 이는 확장 과정이 영원하지 않다는 것을 재확인해준다.

"이봐요, 이 문제를 함께 해결하자고요. 난 우리가 획기적인 아이디어를 20가지는 내놓았으면 해요. 그런 뒤에 휴식을 하고 돌아오면 계속 추진하고 싶은 것 한두 가지를 알 수 있을 겁니다."

시그널링을 자동차의 방향지시등이라고 생각하자. 방향지시등은 다른 차에 당신의 의도를 표시한다. 그것이 없으면 혼란이 발생할 수 있다. 우리는 고독한 천재가 끊임없이 솟구치는 창의성을 입 밖으로 주절주절 내뱉는 동안 무척 좌절하며 논쟁을 '중단'하려고 노력한 경험을 갖고 있다. 그에 못지않게 짜증스러운 사람은 다른 사람들이 모두 가능성의 세계를 탐구하고 있는데 혼자 계속 증거를 요구하는 걱정맨Mr. Worry 이다. 일단 운전을 계속하는 동안 시그널링은 자동이다. 창의적인 과정도 마찬가지여서 당신은 자신이 그것을 하고 있다는 사실도 금세 잊어버릴 수 있다.

마지막 주자_{완결자}: '결승선을 밟기' 위해 끊임없이 노력하라

전투로 단련된 혁신의 노장이라면 누구라도 '아이디어를 떠올리는 것은 조금 쉽지만, 그것을 시장에 내놓으려면 죽음을 불사해야 한다'고 말할 것이다. 혁신가는 훌륭한 마지막 주자가 되어야 한다. 그들은 마음속으로 마지막 판을 예상하면서 머리를 숙이고 돌격해야 한다.

내가 대기업에서 혁신을 담당하는 사람들과 관련해서 가장 많이 받는 질문은 그들이 창의적이어야 하느냐이다. 창의성은 혁신에서 중요한 역할을 한다. 아무도 보지 못한 고리를 연결하는 것은 혁신의 핵심이다. 하지만 창의적인 사람은 많은 선택들을 만들어내면서도 그것들을 항상 마무리하지는 않는다. 대기업은 선택을 다루는 능력이 제한적이다. 새로운 계획이 너무 많고 그 모든 것이 서서히 중단되고 만다.

따라서 대답은 '노No!'이며, 혁신가가 자신의 한계가 어디까지인지 알기만 한다면 그에게 창의성은 필수 전제조건이 아니다. 일을 마무리할 수 있고 창의적인 사람에게 재능을 보태달라고 부탁할 수 있는 사람. 그것이 이상적인 조합이다. 반대로, 뛰어난 마지막 주자들에게 둘러싸인 창의적인 선두주자는 신생 조직에서는 효율적일 수도 있지만 새로운 계획이 계속 쌓이는 대규모 조직에서는 크게 좌절할지도 모른다.

좋은 마지막 주자가 된다는 것은 좋은 '방해하지 않는 사람'이 된다는 의미도 된다. 혁신가는 비즈니스계의 솜씨 좋은 배관공이다. 그들은 자기가 속한 조직의 정치적 현실을 이해하고, 조직 안에서 원활하게 일을 처리하려면 누구를 옆에 두어야 할지 잘 안다. 내가 함께 일해본 최고의 혁신가들은 자기가 처리해야 할 수많은 과정을 두고 한탄을 한다. 그들은 자신의 하루 중 많은 부분을 차지하는 '내부 업무'의 폭발에 좌절한다. 하지만 그들은 대응 메커니즘을 찾는다. 모든 사람으로 하여금 혁신의 인간적인 면, 곧 소비자에게 집중하게 하는 데 소질이 있다. 뛰어난 혁신가는 우리로 하여금 달성하려고 노력하는 것에 집중하도록 한다. 그 결과, 방해물은 사라진다.

안타깝게도, 정체된 혁신 과정에 대한 불안은 흔히 찾아볼 수 있다. 사업에 종사하는 사람이라면 누구나 어떤 시점에서는 벽에 머리를 부딪치는 일이 생긴다. 어려움을 잊을 수 있는 평온한 어떤 곳으로 데려다달라고 말없이 기도한다. 일이 생각만큼 수월하게 진행되지 않는다는 데서 오는 이런 실망감은 사람을 무기력하게 하지만 사춘기 아이들의 여드름처럼 피할 수 없다. 유일한 대응법은 심호흡을 하고 그것을 극복하여 '장애물 제거' 계획을 짜는 것이다.

배관을 뚫으려면 때로는 극적인 개입이 필요하다. 우리 고객사 중에서 어느 대형 병원은 처음 방문하는 환자들을 위한 새로운 시스템을 설계하는 과정에서 난관에 부딪쳤다. 갑자기 다쳐서 방문하는 환자도 있었지만 대부분은 정기적인 치료를 받으러 재방문하고 있었다. 병원 접수 구역은 엉망이었다. 시끄럽고 무질서해서 모든 환자에게 끔찍한 첫 경험을 안겼다.

우리는 몇 달 동안 문제를 해결하려고 노력했지만 상충하는 의견을 가진 관계자들이 많았다. 젊은 의사들은 첫 방문, 첫 사용을 기준으로 상담실을 이용하자고 했다. 연로한 의사들은 일을 하거나 않거나 상관없이 독자적인 상담실을 원했다. 접수원들은 6층의 병리실에 샘플을 가져다줄(내부

인력으로 24시간이 걸렸다) 인력을 더 뽑고 싶어 했지만 경영진은 직원 수를 줄일 생각이었다.

우리는 난관에 빠졌지만 다행히 그 병원 부서에는 지혜로운 '숙련된 배관공'이 있었다. 우리 모두가 몹시 두려워할 수밖에 없었던 다음 회의는 무척 성공적으로 끝났다. 우리의 '숙련된 배관공'은 세 명의 환자를 우리에게 소개하면서 회의를 시작했다. 그들은 우리 앞에 서서 병원에서 겪은 나쁜 경험과 그것이 자기들의 건강과 가족들에게 어떤 영향을 주었는지 침착하게 말했다.

그것은 감동적인 경험이었고, 우리끼리 옥신각신하는 것보다 문제 해결이 훨씬 더 중요하다는 것이 명백해졌다. 곧 새로운 협력의 분위기가 조성되었다. 몇 주도 안 되어 우리는 병리실 보고의 속도를 높일 인원을 한 명 채용했고, 접수원을 사혈^{혈액채취} 전문가로 교육하기 시작했으며(간호사들의 업무가 과부하 상태일 때 혈액을 채취할 수 있었다), 단독 상담실을 원했던 선임 의사들은 융통성 있게 상담실을 공유할 수 있는 방식에 동의했다.

혁신은 매우 실용적인 주제이다. 창의성이 돋보이는 순간들이 있지만 주로 일이 어떻게 진행되어야 할지 머리를 짜며 고심하는 기나긴 암흑의 밤이 존재한다. 뛰어난 완결자는 적절한 위치에 누가 필요한지 파악하고, 시스템의 방해물을 제거할 방법을 찾아내는 데 능숙하다. 그들은 '시스템'의 타성에 젖어 비틀거리지 않는 현실주의자로, 앞을 향해 돌진한다. 또한 혁신이 '결승선을 밟도록' 하기 위해 쉼 없이 노력한다.

아시아의 주역들을 위한 팁

아시아의 많은 기업은 저항적인 '해적'의 개념을 더 도전적으로 받아들인다. 많은 대기업은 매우 수직적인 구조를 갖고 있으며 중간급 간부에게는 주로 혁신적인 아이디어와 돌파구를 찾는 것보다는 단지 상부의 지시를 전달하고 실행하는 정도의 기대를 건다.

만약 이런 상황에 익숙하다면 두 가지의 접근방법이 도움이 될 수 있다. 먼저, 혁신 A팀을 구성함으로써 전략이나 혁신적인 업무를 정당화하는 시도를 해보자. 이는 혁신에 대해 열정적일 뿐만 아니라 혁신의 수단과 행동으로 무장한 사람들을 선별하는 과정이기도 하다. A팀은 조직 안에서 혁신의 중재자나 전파자 역할을 할 수 있다. 도전하고 전체 시스템을 바꾸려고 노력하는 외로운 영웅 한 명보다 이런 A팀이 더 큰 혁신을 성공으로 이끈다. 둘째, 고위 임원들은 주인공이 초기 단계에서 실험을 하고 성공할 수 있도록 하는 '작은 우주'를 조성할 수 있다. 이는 조직의 다른 직원들로부터 주인공을 지키고, 그 보호막 안에서 새롭고 색다른 문화가 출현할 기회를 허락한다. 삼성의 '제품혁신팀Product Innovation Team, PIT'의 방식은 좋은 예이다. 잭 마Jack Ma, 알리바바 창업자가 Taobao를 만들기 위해 프로젝트 팀을 통합한 예도 있다. 우리는 아시아의 기업에서 점점 더 많은 주인공들을 만날 수 있기를 기대한다.

창조와 관련된 모든 행위에 있어서
아주 근본적인 진리가 하나 있는데,
이것을 무시하면 수많은 아이디어와
눈부신 계획이 죽어버릴 수 있다.
그것은 바로 한 사람이 자신을 절대적으로 헌신하는 순간,
신의 섭리도 움직인다는 것이다.

W. H. 머레이 W. H. Murray,
『The Scottish Himalayan Expedition』, 1951

Let's Play

그렇다면 당신은 얼마나 '한 순간은 선장, 다음 순간은 해적'에 가까운가? 이 질문에 대해 혼자 해답을 찾으려고 노력하지 말고, 당신을 잘 알고 사실을 말해줄 수 있는 사람들에게 도움을 받자. 다음은 대화를 유도하는 몇 가지 질문이다. 하지만 몇 가지 질문에서 점수가 낮더라도 자책하지는 않기 바란다. 이런 특성을 모두 겸비한 사람은 드물다.

- 당신은 자기 일(혹은 팀, 부문, 부서……)에 대한 포부를 어떻게 표현하는가? 솔직히 대답해보라. 당신은 자신이 바로잡으려고 하는 세상에 대해 설명할 때 심장박동이 더 빨라지는가? 두 손이 주머니에서 빠져나와 허공이라도 치고 싶어 근질거리는가? 많은 사람들은 다음과 같은 질문에 응답할 때 너무 쉽게 포기한다. '어떻게 하면 내 일이 사람들의 관심을 끌 수 있을까?' 당신은 이 질문에 대답해야 한다. 혁신은 용기와 열정의 감각이 없으면 결코 일어나지 않는다.

- 당신은 '잘 들어주는 사람'인가? 혁신에는 겸손하고 공감할 수 있는 사람이 필요하다. 그런 자질은 듣는 능력에서 나오며 또한 그것에 의해 증명된다. 당신은 동료들을 찾아가 그런 부분에 대한 자신의 평판을 알아보지는 않았을 것이다. 많은 임원들이 그렇게 하지 않았을 터이다. 하지만 자신이 '청취자'로서 얼마나 신뢰받는지에 대해 잘 아는 것이 중요하다.

- 당신은 '직감으로 움직이는가', 아니면 결정을 내리기 전에 조금 더 조

사를 하도록 요구하는가? 당신은 어느 정도로 '자신의 주장을 옹호할'
수 있는가?

- 당신은 외향적인가, 아니면 내향적인가? 지난 혁신 프로젝트나 참여한
  프로젝트를 떠올려보자. 당신은 자신이 속한 조직 밖에서 얼마나 많은
  사람들로부터 영감과 협력을 얻었는가?

- 당신은 확장과 수축의 과정 사이를 적절히 오갈 수 있는가? 언제 창의
  성 모드에서 분석 모드로, 혹은 그 반대로 전환할 것인지 알고 있는가?

- 마지막으로, 당신은 일을 마무리하는 자신을 능력을 솔직하게 평가할
  수 있는가?

이 질문은 일을 마무리하는 능력이 아니라 자신의 능력에 대한 인식을
묻는 것이다. 당신이 임무를 완수하는 능력이 부족하더라도 낙심하지 마
라. 그것을 잘하는 사람들을 주변에 두면 된다.

2

자극을 찾아서
The Quest for Provocation

의도적인 영감 관리

30

당신에게 지금 30초밖에 없다면…

혁신은 새로운 통찰이라는 연료로 움직인다.
통찰은 사람들의 행동 이면에 감춰진 이유를 깊이 이해하는 것이다.

◆

뛰어난 통찰은 비옥한 토양과 같다. 이는 싱싱한 새싹 같은 아이디어를 생산한다.

◆

통찰은 자극적인 관찰들이 충돌할 때 발생한다.

◆

대규모 조직에서는 자극을 받을 기회가 거의 없어 틀에 박히기 쉽다.

◆

시도하고 시험하는 '자극provocation의 렌즈'가 있다. 이것을 통해 일을 한다면
새로운 관찰을 가능하게 하는 수많은 상황을 발굴할 수 있다.

◆

자극을 추구한다는 것은 항상 불편하며, 용기가 필요하고,
사무실 밖으로, 시장 주변부로 가는 것이다.

◆

준비 없이는 이런 자극에 대한 탐색을 시작할 수 없다.
기회는 '준비된 사람'을 정말 좋아한다.

　나는 세계적인 거대 보험회사의 임원들로 구성된 운영관리팀과 호텔 방에 틀어박혀 있었다. 회사 안에서 정보가 어떻게 유포되고, 콜센터가 어떻게 운영되며, 다양한 보험 상품에 대해 어떤 기술이 지원되는지 점검하는 중이었다. 그리고 우리는 룸서비스를 불렀다. 배가 고파서가 아니라 그 호텔이 룸서비스로 유명하기 때문이었다. 그곳은 버거 하나와 달걀프라이를 방으로 가져가는 방법을 지시하는 서비스 지침만도 40개 이상 마련해두고 있는 호텔이었다.

　이처럼 엄격하게 관리되는 시스템은 보통 '쿠키 틀^{cookie cutter, 일률적인 접근방식}' 서비스를 만들어낸다. 직원들이 방식을 습득하더라도 특이한 요청이나 상황이 발생할 때는 대본 외의 행동을 할 수 없을 것 같은 체계이다. 우리가 거기에 간 것은 호텔이 그런 특이한 요청을 어떻게 처리하는지 배우기 위해서였다. 그래서 우리는 상상할 수 있는 모든 토핑이 들어간 버거를 주문하거나 이미 했던 주문을 취소하면서 귀찮은 존재가 되기로 했다. 웨이터는 그런 와중에도 시종일관 미소를 잃지 않으면서 맡은 일을 척척 해냈다.

호텔은 웨이터가 서비스 지침을 유지하는 가운데 필요한 경우에는 재량껏 체계를 무효화할 방법도 마련해두고 있었다. 이는 그 보험회사가 절실하게 직원들에게 가르치고 싶은 자질이었다. 그도 그럴 것이, 보험 콜센터 직원은 '로봇처럼 행동한다'는 비난을 자주 받고 있던 차였다. 그들은 융통성이 없고 소비자들과의 공감 능력이 부족했다.

다음 날 아침, 우리는 색다른 환경에서 만났다. 어느 허름한 주택단지의 한 식당이었다. 우리는 짝을 맞춰서 그곳의 저소득 혹은 무소득 주민들과 하루를 보냈다. 그들은 보험회사의 연구 프로그램을 '전략-부재'로 만드는 사람들이었다. 우리는 그들의 집으로 가서 그들의 친구들을 만나고 그들이 어떻게 돈을 쓰는지 관찰했다. 그리고 그들이 윙가Wonga(단기 대출기관-옮긴이)와 페이팔PayPal 같은 빠른 서비스를 이용하여 서로 돈을 빌려주고 빌린다는 것을 알았다. 재난이 발생하면 보험회사를 통해서가 아니라 가족 안에서 해결했다. 그들의 레이더 안에는 은행과 보험회사가 없었다.

그날 오후, 우리는 작은 연립주택에 모두 모여 각자 관찰한 것들에 관해 이야기했다. 집주인은 임원들에게 집안에 들어갈 때 신발을 벗어주었으면 좋겠다고 했다. 그래서 우리는 양말 바람으로 작은 방에 비집고 들어가 앉아 새로운 발견에 관해 토론했다. 내 생각에는 그때 '신발을 벗은' 게 큰 차이를 만든 것 같다. 그것은 사람들을 평등하게 만들어주는 훌륭한 수단이었고 사무실에서 떨어져 있다는 것을 말해주는 강한 신호였다.

우리는 그런 임원들을 자극하기 위해 유죄판결을 받은 보험 사기꾼들,

종교적이고 윤리적인 근거로 보험을 '믿지' 않는 사람들, 심지어는 경쟁사의 보험 상품을 구입한 같은 회사 직원에 관해 말해주었다.

그 보험회사는 이와 같은 훈련을 통해 얻은 자극적인 통찰을 충분히 활용했으며, 그것은 과거에 행한 그 어떤 조치와도 달랐다. 그들은 오랫동안 같은 유형의 소비자들을 대상으로, 같은 유형의 연구를, 심지어 같은 연구원을 활용해서 실시했다. 하지만 탁월한 룸서비스, 저소득 주민들, 사기꾼과 보험을 믿지 않는 사람들에 대한 경험은 통찰과 아이디어의 흐름을 뒤흔들었다. 결국 운영관리팀은 채용 대상, 불만 대응 방식, '상식적'이고 기본적인 교육 계획 등 조직의 많은 부분에 영향을 줄 새로운 아이디어를 얻었다.

혁신의 가장 기본적인 공식은 'garbage in=garbage out'(쓰레기를 입력하면 쓰레기가 출력된다)이다. 과거와 같은 것으로 머리를 가득 채우면 그와 똑같은 오래된 것이 나온다는 뜻이다. 자극은 고의적으로 세계관을 바꾸려는 노력이다. 그것은 우리에게 세상에 관한 생각이 잘못되었을지도 모르는 이유를 말해주는 새롭고 고무적인 것에 대한 탐색이다. 많은 자극은 혁신의 원재료이며 도약판이다. 자극에 대한 탐색은 사무실을 박차고 나가 소비자가 경험하는 모든 것들을 경험하게 한다. 또한 우리 제품과 극적인 관계를 가진 사람들을 만나고 다른 시장에서 비슷한 문제를 해결한 사람들을 경험하게 해준다.

자극을 찾아다니는 게 불편한 건 당연하다. 새로운 자극을 얻기 위해 여행을 계획한다는 것은 정말 어렵다. 그 결과로 영감을 얻지만 어느 정도의 위협은 감수해야 한다. 자극은 또한 경쟁 우위를 가져다준다. 당신의 경쟁자들이 당신과 똑같은 자료로 일을 하고 있다고 생각하는가? 아니면 그들은 조금 더 자극적인 다른 장소를 들여다보며 더 많은 연결고리를 만들고 있을까? 자극 — 그리고 그것이 생성하는 실마리와 연결고리와 인사이트 Insight — 은 혁신과 경쟁의 기본이다.

> 창의성은 단지 사물을 연결하는 것이다.
> 창의적인 사람들에게 어떻게 중요한 일을 했는지 물어보면
> 그들은 약간의 죄책감을 느낀다.
> 정말로 한 게 없고 그저 보기만 했기 때문이다.
> 하지만 그들은 곧 그런 경험을 연결하고
> 새로운 것으로 종합할 수 있다.
>
> 스티브 잡스,
> 『Wired』에 실린 울프와의 인터뷰 중, 1996

타성에 젖을 때

어쩔 수 없는 현실이다. 똑같은 출근길, 단골가게에서 파는 똑같은 커피, 똑같은 얼굴들, 직장에서 일어나는 똑같은 문제. 우리는 어제 했던 일들을 오늘 반복하는 것에 익숙해질 수밖에 없다. 그런데 과거에 지나치게 몰두하면, 깊은 산골짜기에 난 고속도로를 오가는 차들처럼, 우리의 생각은 같은 길을 배회하게 된다.

전체 조직은 집단적으로 주변을 보지 못하고 타성에 젖을 수 있다. 역사를 보면 여기저기서 집단적인 사고에 몰입하다가 재앙을 낳은 똑똑한 사람들의 이야기가 있다. 2012년, 코닥이스트먼컴퍼니Kodak Eastman Company 는 파산법 제11장에 따른 파산 보호를 신청하면서, 애플의 아이폰 같은 뜻밖의 도전자를 맞아 디지털카메라 사업을 철수하기에 이르렀다. 대중의 생각과는 달리, 코닥은 혁신을 도외시한 적이 없었다. 놀랍게도 이 회사는 많은 것을 처음으로 시도했다. 최초의 디지털 카메라, 최초의 와이파이Wi-Fi 카메라, 최초의 터치스크린 카메라……. 심지어 본격적인 디지털 카메라 시대에 들어서도, 코닥의 수익과 시장점유율은 높았다. 하지만 경영진은 기차가 오는 소리를 들었으면서도 재빨리 교차로에서 몸을 피하지 않았고, 몸을 피했을 때는 이미 너무 늦고 말았다. 익명의 한 코닥 임원은 최근 이런 말했다.

"'코닥'의 전통적인 사업과 디지털의 차이는 너무 컸습니다. 템포가 달랐죠. 필요한 기술의 종류도 달랐습니다. '경영진'은 아무리 변화를 원하더라도 조직에 고통을 안기고 싶진 않았죠."

브리태니커 백과사전 역시 디지털 혁명을 활용하지 못했다. 1768년에 스코틀랜드에서 첫 판매를 시작한 브리태니커는 1901년 미국에 본사를 설립했다. 두꺼운 책 32권으로 구성된 전집의 판매는 1990년에 12만 부로 정점을 찍었다가 불과 10년 뒤에 고작 4천 부로 줄어들었다. 그러다 2012년에는 인쇄본의 판매가 완전히 중단되었다.

마찬가지로, 싱가포르에 본사를 둔 크리에이티브 테크놀로지도 디지털 혁명을 기회로 이용하지 못했다. 이 회사는 처음에는 싱가포르의 차이나

타운에 위치한 컴퓨터 수리점에서 출발했다. 심웡후Sim Wong Hoo 대표는 애플 Ⅱ 컴퓨터에 들어가는 애드온add-on 메모리보드를 개발했다. 나중에는 중국인의 필요에 맞는 맞춤형 퍼스널컴퓨터를 제작하기 시작했다. 이 컴퓨터에는 말과 멜로디를 제작할 수 있을 정도로 향상된 오디오 기능이 포함되어 있었다. 이 같은 오디오 인터페이스의 성공은 사운드카드 개발로 이어졌다. 이 회사의 '사운드 블라스터Sound Blast' 사운드카드는 일반 소비자에게 널리 이용된 최초의 오디오 프로세싱 카드 가운데 하나였다. 이 카드는 얼마 지나지 않은 시점부터 오랫동안 사실상의 퍼스널컴퓨터 표준 사운드카드로 자리매김했다.

코닥과 마찬가지로 크리에이티브 테크놀로지 역시 디지털 혁명에 관심이 없었던 게 아니었다. 맞춤형 사운드카드에 대한 수요가 증가하는(휴대용 컴퓨터의 폭발적인 판매에 의해) 데 발맞추어 1999년에 노마드NOMAD라는 디지털 오디오 플레이어 제품을 출시했을 정도였다. 이는 아이팟이 출시되기 정확히 18개월 전의 일이었다! 노마드는 애플의 아이팟이나 다른 경쟁 플레이어와의 법적 분쟁을 유발했고, 애플이 1억 달러를 크리에이티브 테크놀로지에 배상하면서 결국은 원만한 합의가 이루어졌다.

문제는 크리에이티브 테크놀로지가 틀에 박혀 있었다는 것이다. 이 회사가 실패한 건 기술 탓이 아니라, 더 저렴한 mp3플레이어나 아이튠즈같이 음악을 더 쉽게 재생하는 방법을 원하는 수많은 새로운 소비자의 목소리를 인식하지 못한 탓이었다. 결국 크리에이티브 테크놀로지는 매출 감소로 인해 자발적으로 나스닥 상장을 철회했다.

모든 해답은 코닥과 크리에이티브 테크놀로지의 사무실 밖에 있었지만 투입 자본 회수에 대한 강박관념이 융통성 있게 생각하고 행동할 수 있는 능력을 막았다.

그들만 그런 게 아니었다. 테스코Tesco 는 14개국에 6,000개의 매장을 보유한 자산 700억 파운드한화 약 120조 원의 세계적인 소매업체이다. 그들은 수년에 걸쳐 이뤄낸 괄목할 만한 성과를 동력으로 2007년과 2008년에 네바다·캘리포니아·애리조나에 프레시앤이지Fresh & Easy 슈퍼마켓을 개점했다. 테스코는 2주 동안 영국 경영진에게 집과 구매습관을 공개한 60개 이상의 가구로부터 도움을 받아 부지런히 시장조사에 임했다. 하지만 초기 판매 결과는 실망스러웠다. 매장 진열과 상품 구성이 그다지 효과적이지 못했던 것이다. 결국 테스코는 2013년에 미국에서 프레시앤이지를 철수했다.

팀 메이슨Tim Mason (2006년부터 프레시앤이지의 최고경영자 겸 대표이사로 재임) 은 윌리엄 케이William Kay 와의 인터뷰에서 당시를 회상하며 소비자의 차고를 들여다보지 않은 탓이라며 당시의 실수를 솔직하게 인정했다. 그러다가 결국은 특가판매로 대량 구매한 농산품이 가득 들어 찬 냉동고를 보지 못했다고 했다. 메이슨은 이렇게 말했다.

"미국 시장에서는 소비자 충성도가 덜합니다. 영국인은 사람들이 부엌 식탁에 둘러 앉아 매주 어디서 특가판매를 하는지 확인하고 구입처를 결정한다는 사실을 이해하려면 같은 말을 여러 번 들어야 할 걸요."

따라서 유행에 가장 민감한 경영자조차 타성에 젖을 수 있다. 적절한 자극을 받으려면 창의적이고 용감한 태도가 필요하지만 신중한 계획도 중요하다. 자극에 끝없이 노출될 만큼 시간과 돈을 무한정 갖고 있는 사람은 아무도 없다.

아시아 업체들이 자극을 얻는 것은 서양 업체들에 비해 훨씬 더 어렵고 중요한 경우가 많다. 아시아에서 개발되고 새로 출현하는 시장은 전대미문의 새로운 과제들을 수없이 제시하는데, 가령 '글을 모르는 사람에게 어떻게 샴푸를 팔 것인가?' 같은 것이다. 그런 반면에 아시아인은 혁신을 하거나 기존의 방식과 다르게 일하는 것을 문화적으로 더 불편해한다. 왜냐하면 그들에게는 노인을 존중하고 나이나 경험이 많은 사람에게 조언을 듣고 권위에 도전하지 않는 것이 기본적인 행동양식이기 때문이다. 중요한 것은 모든 좋은 행동양식을 버리지 말고 지켜나가면서도 새로운 자극을 얻어야 계속 좋은 결과를 얻게 된다는 점을 기억하는 것이다.

그렇다면 우리는 맨 먼저 어디로 자극을 찾으러 가야 할까?

정답: 바로 코앞으로?

당신에게 필요한 모든 자극이 너무 가까이 있어서 미처 못 알아보는 경우도 있다. 가끔 고객이나 동료가 짧은 순간에 혁신 전략을 말해줄 수도 있으므로 그들에게 먼저 물어보자. 많은 시간과 돈을 줄일 수 있을지도 모른다.

1990년대 말, 지금은 유럽에서 앞서가는 필수 항공사가 된 이지젯 easyJet은 시간엄수 문제로 골치가 아팠다. 당시 그건 매우 큰 문제였다. 상습적인 지연은 회사의 명성에 악영향을 미쳤고, 이는 회사의 주가를 떨어뜨렸다. 하지만 이지젯에 필요한 모든 정보는 바로 코앞에 있었다.

우리는 이지젯 팀과 함께 일하면서 탑승구에서 비행기 정비 업무에 종사하는 모든 직원들을 한데 모았다. 놀랍게도 회의실에는 다양한 전문지식, 국적, 조합, 협력사를 대표하는 수많은 사람들이 모였다. 그들에게는 더 나은 아이디어를 모을 수 있는 최초의 기회임이 분명했다. 우리는 방에 있는 사람들에게 무엇 때문에 시간이 지체되고 있으며 '그들이 책임을 다하려면' 어떻게 해야 하는지 물었다. 그들은 자기들이 조종석으로 무전을 보내 음식 공급과 연료 상황을 점검하려면 기장이 관제탑과 교신을 끝낼 때까지 기다려야 하는데, 그런 일이 잦다고 말했다. 그리고 하역, 연료 보충, 음식 차량을 비행기 주변에 아주 정확하게 주차해야 한다는 이야기도 들려주었다. 물론 사람이라면 누구나 '다른 사람'이 일으키는 문제를 나열하는 걸 좋아하는 성향이 있다.

우리는 아주 짧은 시간에 연결고리를 만들 방대한 자료를 얻었다. 그때 떠오른 한 가지 아이디어는 비행기가 승강장에 도착하면 부조종사 쪽 창문의 식별용 카드에 연료량을 표시하는 것이었다. 그러면 연료 충전 직원이 바쁜 조종석과 교신하려고 기다릴 필요 없이 훨씬 더 빨리 작업을 할 수 있을 터였다. 또 다른 아이디어는 연료 트럭을 평소 위치에서 5m 정도 전방으로 옮겨서 수하물 처리 반이 물건을 내리는 시간을 앞당기자는 것이었다.

그 외에도 이지젯 직원들이 낸 몇 가지 의견 덕분에 전체 처리 시간이 40분에서 25분으로 줄었고, 이 시간은 그 후로 줄곧 지켜졌다. 이지젯은 이 같은 시간 절약으로 매일 비행편을 추가할 수 있었고, 그 결과 수익과 평판에 극적인 변화를 맞았다.

사람들이 사일로silos(여기서는 폐쇄적인 의미의 각 부서-옮긴이)에서 일하기 때문에 존재하는 중복 업무와 놓친 기회가 얼마나 많은지 알면 놀라울 뿐이다. 경쟁사는 바로 우리 코앞에서 그 해답을 연구하고 찾는 경우가 다반사이다. 어떤 기업은 해커톤Hackaton(마라톤을 하듯 정해진 시간 동안 해킹을 하는 프로그램 마라톤. 'hacking'과 'marathon'의 합성어다)을 통해 기술 프로젝트 콘셉트를 훔치고 있다. 그들은 48시간 동안 방에 직원을 가둔다(진짜 가둔다는 건 아니지만). 그 방에는 그동안 행해진 모든 연구 자료와 음식이 끝없이 제공된다. 이런 이벤트는 부서 간에 이루어질 때 효과가 좋으며, 이들은 각자 다른 부서가 읽을 수 있도록 자기들의 연구물을 가져온다. 인접한 사일로가 하는 일을 관찰하다 보면 늘 기회가 생긴다.

대담해라

'좋은 아침식사는 하루를 준비할 수 있게 해준다.'

이는 영국의 유서 깊은 제빵회사이자 전국의 슈퍼마켓에 빵을 공급하는 한 고객사의 미션이다. 문제는 그 아침식사가 유행에서 멀어지는 듯하고 빵 판매가 줄어들고 있다는 것이었다. 각 가정이 빵을 어떻게 소비하는지에 대해 우리 고객사가 이해하는 정도는 그들 자신의 경험이나 '포커스 그룹Focus Group(시장이나 여론조사를 위해 각 계층을 대표하는 소수의 사람들로 이뤄진 그룹-옮긴이)'의 정보에 머무르고 있었다. 소비자들은 조사 과정 중에는 자신의 실제 행동을 잊어버리거나 실제 행동에 대해 환상을 갖는 경향이 있기 때문에, 우리는 중년 남성이 다수인 고객사 간부들에게 아침 일찍 일어나서 각자 다른 가족과 함께 아침을 먹으라고 주문했다. 각 책임자는 한 가정을 선택해 월요일·화요일·토요일·일요일에 그들과 함께 아침식사를 했다. 아주 일찍 일어나는 한이 있더라도 어쨌든 가족의 일정에 맞춰 움직여야 했다.

책임자들은 처음에는 열정을 보였지만 시간이 다가오면서 한 명씩, 결국은 모두가 일정을 취소했다. 사무실을 벗어나 흔치 않고 통제되지 않은 환경에서 많은 시간을 보내는 것을 불편하게 여기는 것 같았다. 우리는 포기하지 않고 일정을 다시 조정했으며, 재조정 이후에 재차 조정하기도 했다. 강경한 태도를 취해야 하는 상황도 있었다.

마침내 우리는 인원을 다 채웠고 8명의 책임자들은 월요일 아침 일찍 일어나 출발했다. 그들은 나중에 아침식사를 하는 경험에 대해 조금 긴장했노라고 털어놓았다. 혹시 얇은 잠옷을 입은 아내와 숙취에 쩔어 있는 남편을 상상했던 건 아닐까? 우리는 집 밖에서 각 책임자를 만나서 함께 부엌으로 들어갔다.

우리 앞에서 연출된 장면은 대부분 아내는 부산하게 움직이고 남편은 가만히 있는 것이었다. 남편은 음식을 우물거리면서 서 있거나, 신문에 코를 박고 있거나, 급한 이메일을 연다고 키보드를 두드렸다. 엄마가 말없이 바쁘게 움직이는 동안 아이들은 큰소리로 떠들었다. 시계가 째깍거리는 동안 긴장감이 돌았고, 엄마는 계속해서 아이들을 먹이고, 가방을 싸고, 방과 후 활동에 대해 일러주고, 형제자매 사이에 꼭 발생하는 다툼을 정리하느라 여념이 없었다. 마침내 현관문이 닫히고 평화가 내려앉았다.

아침식사를 함께한다는 생각에 따른 불편은 잊힌 지 오래지만 그때 배운 것은 여러 해가 지난 지금도 우리 클라이언트들의 뇌리에 남아 있다. 그들이 본 것은 극단으로 치닫는 현장이었다. 엄마는 아이들에게 아침을 먹이고 아이들은 그런 노력에 훼방을 놓았다. 그들은 참여하지 않는 아빠가 미치는 영향과, 아이들이 제시간에 좋은 기분으로 학교에 갈 수 있도록 엄마가 아이들을 먹이는, 하루 중 가장 힘든 임무를 끝내면서 느끼는 안도감을 보았다. 부엌 한쪽에서 약간은 불편하게 자리를 잡은 임원들의 눈에 그것은 어떤 계시와도 같았다. 물론 그들은 현장 상황에 개입하지 않고 꿋꿋하게 시리얼을 먹었다.

불편을 겪지 않고 혁신하기는 불가능하다. 혁신가는 '너무 고급스러워 자극받지 못하면' 안 된다. 혁신 과정에 참여하는 사람은 대체로 사무실 밖으로 걸어 나가 소비자와 시간을 보낼 때 작은 불편에서 심각한 고통에 이르는 모든 것을 경험한다. 소비재 기업의 한 임원은 그런 불편이 생길 수 있는 가능성을 무척 두려워했다. '하숙집'과 '신혼부부 고객을 만나는 것' 사이의 선택을 해야 했을 때, 그는 하숙집에는 가고 싶지 않았다. 그들이 펑크록을 좋아하거나 불법거주자일까 봐 두려웠기 때문이다. 결국 '신혼집'에 도착해서 머리를 박박 깎고 문신을 한 신사, 핏불테리어(작고 강한 투견용 개-옮긴이), 그리고 자랑스럽게 진열해 놓은 총기수집품을 만났을 때, 그는 과연 마음을 놓을 수 있었을까?

교훈을 정리하면 이것이다. '대담해라'. 그리고 당신과 만나는 소비자들에게 대가를 지불해서 그 경험을 통해 최고의 것을 얻기 바란다. 당신이 그들을 좋아하지 않는다면 그들이 당신을 좋아할 리 없다.

사무실 밖으로 나가는 것은 왜 수십 억 달러의 가치가 있을까?

신약 개발은 면밀한 통제와 많은 투자가 이루어지는 활동이다. 한 약품의 성능기준이 구체적으로 정해지면 출시까지 10~15년이 걸린다. 비용은 높고 개발 계획 중 낮은 비율만이 실제 출시까지 이어진다. 이는 약품 제조자가 획득하는 특허 보호가 제약업 사업 모델에서 중요한 이유일 뿐만 아니라 유사제품이 큰 문제가 되는 이유 가운데 하나이기도 하다.

우리의 고객인 한 세계적인 대형 제약회사는 얼마 전에 나쁜 소식을 들었다. 항우울증 약품에 대한 2단계 임상시험이 실패하면서 앞으로 주가에 치명적인 영향을 끼칠 것이라는 소식이었다. 하지만 실제로 '실패'는 과연 무슨 뜻일까? 목표제품특성Target Product Profile, TPP을 살펴보면 효능 · 부작용 · 지속성 등 핵심적인 특성에서 무척 야심적인 약효상의 목표를 세웠다는 것을 알 수 있었다. 그것이 성공하려면 기적의 약이어야 했다. 연구원들은 오랫동안 자료에 파묻힌 채 실험실에 틀어박혀서 환자, 보호자, 처방 의사가 실제로 경험하는 거친 감정들을 연결해보려고 노력하고 있었다.

우리는 미국 전역을 여행하면서 다양한 종류의 우울증을 앓는 사람들을 만났다. 두꺼운 먼지에 쌓인 기타를 가진 음악가(그는 차마 기타를 만지지 못했다), 수년 동안 집 밖으로는 얼씬도 하지 않은 남자, 우리가 대화를 시도할 때 우리가 말하는 내용은 듣지 않고 우리 목소리만 듣던 화가를 만났다. 그리고 젊은 사람, 늙은 사람, 보살핌을 받는 사람, 기댈 곳이 없는 사람도 만났다. 독자가 예상할 수 있다시피 이런 경험은 여러 해 우울증에 대해 연구한 과학자에게도 무척 의미가 있었다. 무엇을 알아내려고 할 때 일대일로 사람을 대면하는 것은 보고서를 읽는 것과는 근본적으로 다르다. 자료는 유사할 수 있지만 그 효과에는 지대한 차이가 있다.

과학자들이 여행에서 얻은 것은 항우울제의 부작용이 얼마나 심각한가였다. 그동안 자료로는 읽어보았지만 눈으로 목격한 것은 아니었다. 한 10대 우울증 환자는 돌을 15개만 모으면 완전한 진정이 어렵고 잠을 깨고 온종일 땀을 흘린다는 이야기를 들려주었다. 지금까지 과학자들에게는 목표제품특성상의 효과가 다른 무엇보다도 중요했지만, 환자들은 더 균형적인 치료법을 원하는 것 같았다.

따라서 과학자들은 실험실로 돌아가 목표제품특성을 수정했다. 이제는 자기들이 찾던 것의 균형을 재조정해서 효능을 약간 줄이고 거슬리는 부작용을 감소시켰다. 그리고 균형에 필요한 인자가 이미 제품에 일부 포함되어 있다는 사실도 알게 되었다. 여행을 떠난 과감성이 대가를 얻고 있었다. 과학자들은 처음부터 시작할 필요 없이 몇 년의 개발 기간을 줄일 수 있었다. 이 개발로 10억 달러 이상을 절감할 수 있다는 예측이 나왔다.

생활의 이면

인간은 자신의 생활을 전체적으로 바라보려 하기 때문에 다양한 제품이나 서비스의 우수성을 구별하지 않는다. 예를 들어, 내가 음악을 듣기 위해 아이튠즈를 사용하는 직관적인 방식에 대해 생각해보자. 언제 어디서나 나는 음악 목록을 다시 정리해서 볼 수 있다. 업데이트와 다운로드도 말끔하게 한다. 곡목을 관리하는 게 정말 즐겁다.

하지만 새로운 곡을 내려받은 지 불과 몇 초 만에 두 통의 편지가 우리 집 문 사이로 들어온다. 하나는 은행에서 승인되지 않은 마이너스 통장 액수와 그것에 대해 지불해야 할 요금에 관해 설명하는 것이다. 어디에 돈을 썼는지 기억이 나지 않는 나는 그 편지를 돌돌 뭉쳐버린다. 그러고는 같은 은행에서 새로 출시된 신용카드를 발급받으라는 내용의 또 다른 편지를 본다.

바로 그 순간, 매끄럽고 직관적인 음악 관리의 세계와 돈에 대한 이해를 둘러싼 비인간적인 세계 사이의 대조가 확연히 다가온다. 이것이 사람들이 세상을 바라보는 방식이다. 요즘은 한 시장에서 설정되는 기준이 모든 시장의 기준이 된다.

이 때문에 우리는 우리의 제품이나 서비스가 존재하는 시장이나 범주 너머를 바라보아야 한다. 주변을 바라보는 더 넓은 시야가 필요하다. 다양한 시장, 소비자의 하루, 그들이 있는 곳을 뛰어넘어 무엇이 그들의 기준을 만드는지 알아야 하는 것이다.

앞에서 기분을 망친 은행과의 소통을 예로 들어보자. 은행이 의사소통을 넘어 고객의 생활을 이해한다는 것은 온종일 여러 소비자들을 관찰하고 그들이 참여하는 의사소통의 핵심을 모두 기록한다는(말 그대로 그들을 추적한다는) 의미일 수 있다. 우리는 그 소비자가 이런 행동을 하는 모습을 보게 될지도 모른다.

- 친구에게 문자메시지를 받는다.
- 엄마에게 걸려온 전화를 받는다.

- 우유곽에 적힌 상표를 읽는다.
- 버스정류장에 붙은 포스터를 읽는다.
- 직장동료가 전화에 남긴 음성메시지를 듣는다.

우리는 긴 목록을 써내려가면서 어디서 소비자가 웃거나 대답하거나 눈살을 찌푸리는지 핵심적인 의사소통에 모두 밑줄을 그을 수도 있다. 그러면 그 각각에 대해 더 많은 탐구가 필요하다. 우리는 친구가 구두점이나 마침표 하나 없이 엉터리 영어로 써 보낸 한 줄짜리 문자메시지가 가장 큰 웃음을 유발하는 것을 관찰할지도 모른다.

cu8cnr2nStMarks:)

해석: 세컨드 애비뉴와 세인트마크스플레이스 코너에서 8시에 만나(I'll see you at 8pm on the corner of Second Avenue and St. Mark's Place).
웃는 기호는 받는 사람이 그 의미를 이해할 수 있을 것이다. 어쩌면 그것은 평화 제안이거나, 약속이거나, 아니면 보내는 사람의 다정한 표정일지도 모른다.

이 산만한 메시지는 흥미로운 실마리를 제공한다. 공식적인 의사소통이 짧고 예리하고 우호적인 메시지보다 덜 효과적일 수 있다는 것이다. 이는 은행의 입장에서 아주 큰 암시가 될 수 있다. 우리는 나중에 다른 사람, 이어서 또 다른 사람에게 이런 흥미로운 실마리를 얻고는 강력한 통찰과 아이디어를 떠올릴지도 모른다.

주변으로 가라

연구 예산은 제한되어 있다. 따라서 대부분의 연구가 '목표시장 target market' (소비자를 한 줄로 세워 발포하다니 무시무시한 말이다)에 편중된다. 하지만 혁신에 대한 영감은 '보통 소비자'에게서는 나오지 않는다. 혁신가는 이미 '보통 소비자'에 관한 방대한 자료를 가지고 있으며 그들의 경쟁자들도 아마 같은 자료를 보고 있을지도 모른다.

혁신은 분노하는 사람, 양면적인 사람, 거절하는 사람, '직접 해결하는 사람 Do-It-Yourselfers'이 있는 주변에서 일어나기 시작한다. 어떻게 보면 자극은 당신을 거부하거나 적어도 당신의 브랜드나 범주와 극단적이거나 완전히 어색한 관계를 맺고 있는 사람들의 머릿속에서 시작될지도 모른다.

> 혁신은 분노하는 사람, 양면적인 사람, 거절하는 사람, '직접 해결하는 사람'이 있는 주변에서 일어나기 시작한다.

다음은 우리가 세 가지 프로젝트를 진행하면서 만난 특별하고 놀라운 사람들을 정리한 것이다. 그들을 찾는 과정은 독창적이었다. 먼저, 우리는 고객의 제품이나 서비스와 별나고 극단적인 관계를 갖고 있는 사람들을 나열한 긴 명단을 만들었다. 그런 다음 인맥을 최대한 동원해서 그들에게 전화를 걸어 우리에게 이야기를 하러 오라거나 그들이 있는 곳으로 직접 찾아가겠다고 설득했다. 이런 종류의 활동은 배짱과 끈기가 필요하며, 그것을 잘하는 사람도 있고 못 하는 사람도 있다. 이런 종류의 '자극제'에 대한 재정적인 투자는 항상 매우 적지만 얻을 수 있는 자극은 가치가 있다. 우리는 다음 세 가지 프로젝트에서 이런 사람들을 만나보기로 했다.

아침식사 시장에 진입하려는 한 피자 체인

- 일찍 일어나는 수많은 근로자, 즉 근처에 있는 '작고 값싼 식당'의 단골 손님들
- 부모가 일찍 출근하는 학생들. 아침식사 습관을 알 수 없다.
- 패스트푸드를 좋아하는 사람. 하지만 저녁까지는 패스트푸드를 전혀 먹지 않고 균형 잡힌 식사를 한다고 주장한다.
- 열렬한 아침식사 옹호자, 패스트푸드를 지독하게 싫어하는 사람
- 반–자본주의자, 반–패스트푸드주의자, 채식주의 옹호 투쟁가

은행의 새로운 '대출금 환급' 안내

- '적절한 조언 부족'으로 파산하는 영세사업주 몇 명(그들은 화가 나 있었다)
- 올바른 조언을 듣지 못한 영세사업주의 아내(그들은 훨씬 더 화가 나 있었다)
- 다양한 이민 사회에서 비공식적이고 불법적으로 소액 융자를 받은 사람
- 영세사업주 고객에게 저비용의 재무 상담을 해주는 소도시 회계사

새로 나온 남성용 비듬 방지 샴푸

- 비듬 방지 샴푸를 대량 구매한 대머리 남성

- 비듬 때문에 남자친구를 떠났다고 주장하는 여성

- 불행한 남자친구(별도의 장소에서 면담)

- 비용 때문에 머리를 감은 적이 없다는 걸 당당하게 말하는 남성 몇 명

- 비듬을 치료할 수 있다고 주장하는 약초 치료 의사 몇 명

- 남편과 이웃을 위해 비듬을 없애는 '마법의 약'을 만든 주부

이 프로젝트들이 우습다는 생각이 들지는 않는가? 물론 웃기겠지만 주변으로 갈 필요는 있다. 당신을 좋아하는 사람에게 말을 걸어봤자 소용이 없다. 대신 당신을 미워하거나 거절하거나 당신의 제품이나 서비스를 당신이 절대 의도하지 않은 방식으로 사용하는 사람을 만나는 게 훨씬 더 자극적이다. 이런 관점에 귀를 기울이는 것이 불쾌할지는 몰라도 그 안에는 유용한 씨앗이 담겨 있다. 혁신을 위해 방탄조끼를 입으라는 게 아니라 안전지대 밖으로 걸어 나가야 한다는 이야기이다.

수많은 자극의 렌즈

지금까지 소비자들이 우리의 시장, 구획, 혹은 범주 너머의 것들을 어떻게 보는지에 관한 실마리를 얻었다. 우리는 제품이나 서비스와 극단적이고 특별한 관계를 가진 사람들로부터 실마리를 수집한다. 따라서 우리가

들여다본 자극의 렌즈는 소비자나 고객의 렌즈라고 말할 수 있다. 그러나 우리는 이제 막 탐색을 시작했을 뿐이며 지금부터는 정말 더 흥미진진해질 것이다. 소비자의 렌즈 너머에는 다른 자극의 렌즈가 많은데, 우리는 그것을 통해 더 많은 실마리를 모아야 한다.

우리가 흔히 들여다보는 한 가지 렌즈 혹은 자극은 '능력 렌즈'이다. 이것은 조직이 소유한 기술과 능력을 말한다. 이것을 '공급자'의 창의성이라고 생각하자. 우리는 앞에서 언급한 제빵회사의 임원들로 하여금 소비자들과 아침을 먹으며 시간을 보내게 하기 전에, 사업의 기술과 능력을 설명해달라고 요청했다. 그들이 제시한 목록은 별다른 것이 없었다.

- 우리는 최저가격의 업체이다.
- 우리는 전국으로 제품을 배달한다.
- 우리의 물류 부서는 최고 수준이다.
- 철저하게 제철 농산물을 구매한다.
- 단기 주문을 받는 지역의 전문 제빵업체이다.

우리의 목표는 임원들이 조직의 능력을 재구성해서 새로운 방식으로 사업을 '바라보게' 하는 것이었다. 그래서 우리는 그들에게 능력을 다시금 표현해줄 것을 요구했다. 이를 쉽게 할 수 있도록 5살짜리 아이에게 이야기하는 것처럼 표현해달라고 당부했다.

- 네가 잠을 잘 때 우리는 일을 한단다.

- 우리는 무엇이든 구울 수 있는 커다란 오븐을 가지고 있단다.
- 우리는 빵을 사랑한단다.
- 우리는 다른 누구보다도 빵에 대해 더 잘 알지.
- 우리는 제빵회사라기보다는 출판사에 더 가깝단다(웹사이트에 빵 조리법을 게시하고 있으니까).

임원들조차도 이 훈련 과정에 놀라워했다. 갑자기 '새로운 사업' 아이디어의 세계가 열렸기 때문이었다.

'신문사처럼 야간에 작업하는 다른 기업들과 협력해서 제품을 유통하면 어떨까?' '빵을 만드는 방법을 알려주는 요리법 광고를 시작하면 어떨까?' 그들은 자신이 '누구'인가를 재조명하면서 더 많은 아이디어를 쏟아냈다.

자극에 대한 탐색을 잘하는 비결은 당신의 회사에 관해 질문하는 것이다.

'우리가 진실이라고 생각하는 것이 거짓이라면?'

복잡하기는 하지만 무척 유용하기 때문에 이 문장을 한 번 더 적어보겠다.

'우리 자신이 진실이라고 생각하는 것이 거짓이라면?'

이것은 굉장한 자극이 된다. 세계적으로 수많은 위대한 혁신은 뜻밖의 의견을 가진 사람들에게서 나온다. '우리가 날 수 있다면? 우리가 달에 갈 수 있다면? 우리가 우주에서 휴가를 보낸다면?'

핵심을 설명하기 위해 샴푸와 같은 단순한 제품을 예로 들어보자. 당신은 어떻게 규칙을 깰 것인가?

규칙	만약 …… 한다면?
액체	고체, 그것도 조각이 된 막대 모양이라면?
샤워할 때 사용한다	마른 머리에 사전 처리로 사용한다면?
세정	화장품을 첨가한다면?
아침	취침 전에 사용하는 것이라면?
매장 판매	가정에서 만드는 것이라면?

깨진 규칙은 조명을 받기 쉽다. 각각의 것이 창의적인 탐구의 출발점이다. 독자들은 내가 제시한 '규칙-규칙 위반'의 짝이 가진 잠재력에 놀랄 것이다. 새로운 발견을 해보겠다는 마음으로 종이와 연필을 가지고 와서 당신이 몸담은 분야의 규칙을 적어보라. 당신이라면 각각의 규칙을 어떻게 깰 것인가?

혁신과 관련해서 해줄 수 있는 위로의 말은 진정으로 새로운 도전은 거의 없다는 것이다. 당신의 도전과 관련된 문제와 씨름하는 누군가, 혹은 어떤 것이 있을 수 있기 때문이다. 왓이프에서는 이를 '연관된 세계Related World'라고 부르며, 이것을 발견하는 것이 혁신의 핵심이다.

연관된 자연의 세계는 오랫동안 우연한 발명의 원천이었다.

- **벨크로**Velcro: 조르주 드 메스트랄George de Mestral은 1941년에 프랑스의 유라Jura 산에서 하루 종일 사냥을 하다가 자신이 입은 양모 옷감과 사냥개의 털에 달라붙은 꺼끌꺼끌한 물체를 살펴보았다. 그리고 옷감과 털의

고리에 작은 걸이가 수없이 많이 매달려 있다는 걸 알았다. 그는 이 천연 걸이와 그것이 물체를 잡아 거는 구조를 보고 벨크로에 관한 아이디어를 처음 떠올렸다. 드 메스트랄은 나일론으로 걸이와 고리를 만들기 위한 기계 제작에 돌입했다.

- 롤온Roll-on: 1940년대 후반, 헬렌 바넷 디세렌스Helen Barnett Diserens 는 미국의 체취제거제 제작사인 MUM에 합류했다. 당시 새로운 발명품인 볼펜에 영감을 받은 그녀는 같은 아이디어로 겨드랑이 체취제거제를 개발했다. 지금 우리가 잘 아는 제품은 1950년대 중반에 밴롤온Ban Roll-On 이라는 이름으로 판매되기 시작했다.

- 초고속열차: 일본의 초고속열차는 세계에서 가장 빠른 기차이지만 터널을 빠져나올 때마다 변화하는 공기압 때문에 엄청난 소음을 뿜어냈다. 이 문제는 물방울을 거의 튀기지 않고 물로 뛰어드는 물총새를 연구하면서 그 해결책을 찾을 수 있었다. 기차의 맨 앞은 이 물총새의 부리를 닮게 설계되었다. 그러자 소음이 사라졌을 뿐만 아니라 기차의 연료 소비도 개선되었다.

대기업에서 자극을 받기 위해 연관분야를 찾아보려면 용기가 필요하다. 그렇게 하는 게 흔하지는 않지만 그 대가는 BPBritish Petroleum(영국 최대의 기업으로 미국 엑손모빌에 이어 세계 2위의 석유 회사다-옮긴이)가 깨달은 것만큼이나 굉장할 수 있다.

2007년, 미국의 원유 가격이 최고가를 경신하면서 운전자들은 스마트폰 앱을 이용하여 시내에서 가장 싼 가격을 검색하기 시작했다. 휘발유는 점점 하나의 상품으로 인식되었고, 소비자들의 말처럼 '휘발유는 그냥 휘발유'일 뿐이었다. BP는 스스로 근본적인 질문을 던지기 시작했다. '갈수록 가격이 지배하는 시장에서 최고급 휘발유의 미래는 무엇일까?' BP의 세계적인 연료기술팀은 적절한 염기를 가진 분자를 만드는 작업에 착수했다. 그리고 이 성분을 BP의 휘발유에 첨가하면 자동차 연료 시스템을 세정하는 효과로 인해 그것을 이전 상태로 복구할 수 있게 되었다. 2008년에 중동과 걸프 동부 해안 전역에서 '인비고레이트Invigorate'로 출시된 이 첨가물은 '더 새 것처럼 만들어 더 오래' 차를 관리할 수 있게 해주었다. 성공은 거의 즉각적으로 나타났다. 인비고레이트는 석유 사업에서 2%나 높은 성과를 거두게 했을 뿐만 아니라 비용과 품질 면에서 소비자의 가치 인식이 눈에 띄게 증가했다. 경제가 어려웠던 환경을 감안하면 대단한 성과였다.

'더 리빙 카The Living Car'로 알려진 이 혁신 프로젝트의 핵심은 연관 분야에 대한 탐구였다. 자극을 찾던 BP와 왓이프 팀은 차에 탄 채 많은 시간을 보내게 되었다. 우리는 얼마나 많은 운전자들이 자신의 차를 '하드웨어'가 아닌 살아 있는 것으로 여기는지 관찰했다. 그들은 계기판을 쓰다듬고 다정한 말로 차에게 말을 걸고 고장을 일으킨 장치에게 미안하게 생각했다. 차를 애완동물이나 심지어는 가족의 일부로 여기는 사람들조차도 차가 어떻게 작동하느냐에 관심이 없었다. 차에 동력을 부여하는 엔진과 휘발유는 운전자들에게 그다지 흥미로운 대상이 아니었다. 인체의 내부 기능이 그들에게 무관심한 것과 흡사했다.

"당연히 내 몸속엔 간이 있죠. 그게 어떻게 작동하느냐고요? 그건 나도 모르죠."

혁신팀은 이런 생각을 참고하여 문제와 관련된 전문가들을 찾아냈다. 그중 한 사람은 한의사였다. 그들은 자신들이 다양한 기관에 젊음을 주는 치료제를 어떻게 '팔았는지' 설명했다. 그리고 제품을 설명하기 위해 사용한 '부드러운' 약초에 관한 이야기를 해주었다. 팀은 그 덕분에 차를 더 오래 더 생생하게 유지하고 젊음의 생기를 즐기게 해주는 휘발유에 관한 아이디어를 떠올렸다. 어떤 차^{애완동물} 주인이 그런 걸 마다할까?

BP는 미국 내 1만 개의 주유소에서 인비고레이트를 판매했다. 최고급 연료뿐만 아니라 세 가지 등급의 휘발유에 모두 사용할 수 있게 했다. 녹슨 고물차 주인과 최고급 휘발유를 잘 구입하지 않는 사람도 자기 차는 사랑한다. 그 결과, 인비고레이트의 수익은 수백만 달러에 달했다.

이 이야기에서 알 수 있다시피, 자극에 대한 탐색은 흥미롭고 예기치 않은 곳으로 우리를 데려다준다. 그러나 연관 분야를 살펴볼 수 없게 하는 것은 대체로 우리 안에 있다.

"사람들이 나를 어떻게 생각할까? 동료들이 내가 뭘 하려는지 다 알아버리면 어떡하지?"

몇 가지 연관 분야를 조심스럽게 찾아서 왜 그것을 선택했는지 설명하라. 앞의 이야기에서 내가 '한의사'라고 말했을 때 당신은 의아해서 눈썹을 추어올렸는가? 그것은 연관 분야에 대한 도전에 대해 사람들이 흔히 보이는 반응이다. 하지만 내가 그에 대한 성과가 얼마나 컸는지 말했을 때 독자들은 그 모든 것을 이해했으리라고 믿는다.

새로운 통찰을 자극하기 위한 다른 방법들

사람들이 관심이 있는 주제에 관해 대화하는 사이버 공간을 들여다보면 도전과 영감을 자극하는 굉장한 원천을 만날 수 있다. 특별한 관심 사이트와 블로그는 자극이 저장된 무기고 중에서 확실한 곳이다. 유방암부터 파산, 왼손잡이 골퍼에 이르는 모든 것을 망라하는 전문 웹사이트도 있다. 이런 사이트들이 갖고 있는 편하고 허물없는 대화는 아주 많은 것을 드러낸다. 사람들은 자꾸만 사이버 공간으로 들어가려고 한다. 거기서 최소한의 편집과 수정으로 감정, 열정을 분출한다. 얼마나 멋진가! 혁신가는 온라인에서 여러 사람들과 이야기하는 것을 더 편하게 여긴다. 당신은 그 익명성으로 인해 일대일로는 하지 않았을지도 모르는 방식으로 자극을 주고받을 수 있다.

공급자 · 소비자 · 영향력을 가진 사람 등 더 넓은 시장에서 현금과 수익의 흐름을 그려본다면 훌륭한 자극의 원천을 발견할 수 있다. 최고의 이윤은 어디에 있는가? 어디서 성장할 수 있는가? 지적 재산은 어디에 있는가? 어디서 급여 상승을 기대할 수 있는가? 누가 그 모든 영광을 얻는가? 뒤로 물러나 이런 '가치 지도'에 있는 다른 사람들의 입장이 되어보자. 이렇게 하면 분명 어떤 실마리를 얻을 수 있다. 용감한 혁신가는 가치사슬 속에서 아래위로 탐구하기를 두려워하지 않는다. IBM은 저울 제작에서 중앙 컴퓨터, 휴대용 컴퓨터에 이어 컨설팅 기업으로 매우 성공적인 변신을 거듭했다.

플립보드Flipboard, 핀터레스트Pinterest, 스텀블어폰StumbleUpon 같은 스마트폰 앱을 이용해서 특정 주제를 정리해보라. 그리고 앱에 들어가 페이지를 넘기며 거기에 푹 빠져보자. 현대식으로 도서관을 여기저기 둘러보다가 아무 책이나 꺼내 읽어보는 것과 다름없다. 겉보기에는 연결되지 않는 페이지를 연결하거나 아무 생각 없이 선택한 페이지와 자신의 문제를 연결하게 될지도 모른다.

준비된 사람

'관찰의 영역에서 기회는 오직 준비된 사람 편이다'라는 파스퇴르의 말은 우리가 각자 자신의 숙제를 해야 한다는 뜻이다. 처음 어떤 것을 보고 들으려면 준비가 되어 있어야 한다.

따라서 우리는 먼저 자신의 안테나에 집중해야 한다. 임원들이 묵묵히 경영을 하는 방식에서 마음을 열고 소비자를 관찰하는 방식으로 전환한다는 것은 당연히 어렵다. 안테나를 '독선적인' 주파수에서 이동시켜 '선입견 금지' 주파수에 맞추는 게 중요하다. 나는 이런 것을 '부드러운 눈으로 보기'로 표현하는 걸 좋아한다. 이것은 HBO 미국 케이블TV 회사 의 인기 연속극 〈더 와이어 The Wire 〉의 에피소드에서 빌려온 말이다. 4부의 2회는 자극에 대한 탐색을 시작하는 모든 사람들이 반드시 봐야 한다. 탐정은 뒤로 물러서서 많은 사실들이 자신에게 밀려오도록 내버려둔다. 그녀는 편견을 갖지 않는다. 이 때문에 황소고집을 가진 다른 탐정들이 보지 못하는 것을 보는 능력을 갖고 있다. 그리고 결국은 악당을 잡는다.

왓이프는 "'고객의 입장에 서 보는' 훈련 Consumer Shoes exercise "이라고 부르는, 안테나를 조정하는 훈련 방법을 창안했다. 이는 혁신팀, 마케팅 등의 혁신 관련 팀, 혹은 더 넓은 이해관계자 집단에게 유효하다. 지금부터 세계적인 제과기업의 임원들의 경우에 그것이 어떻게 작동했는지 보여주려고 한다.

'관찰의 영역에서 기회는 오직 준비된 사람 편이다'라는
파스퇴르의 말은 우리가 각자
자신의 숙제를 해야 한다는 뜻이었다.

나는 임원들에게(모두 남자) 나를 보고 둥글게 앉도록 했다. 그들은 '알코올중독자 치유 모임'에 온 것 같다며 편하게 농담을 나누었다. 그런 뒤에 나는 임원들에게 달갑지 않은 소식을 전했다.

"오늘 여러분은 소비자 역할극을 하실 겁니다."

나는 우리가 중요한 부분에 집중할 것이라고 설명했다. 그 대상은 10대 여성이었다. 그러고 나서 왼쪽에 앉은 임원에게 역할을 하나 맡겼다. 그러고는 이렇게 말했다.

"당신은 피비이고 18살입니다."

그다음 임원은 17살의 사만사, 그다음은 제인, 질이었다. 내가 내 질문에 대해 등장인물의 1인칭 시점으로 대답을 해달라고 요구하자 폭동에 가까운 사태가 발생했다. 그들은 그보다 더 좋은 것을 하자고 고집을 피웠지만 내가 취지를 설명하자 임원들은 곧 자기 역할에 몰두하기 시작했다.

나는 소비자의 생활에 관한 일반적인 질문으로 시작했다.

· 당신은 어떤 남자에게 끌리나요?
· 어머니에게 당신의 인생에 관해 어떤 이야기를 해보았죠?
· 지갑에 돈이 얼마나 있어요?
· 당신은 뭐가 가장 두려워요?
· 평소에 친구들과 저녁 시간을 어떻게 보내나요?

이는 역할놀이를 하는 사람들로 하여금 생각에 잠기고 자신이 연기하는 인물처럼 사고할 수 있게 해주는 아주 좋은 질문들이었다. 다음으로 나는 우리가 연구하는 시장이나 범주에 관한 질문을 한다. 예를 들어, 사탕이나 더 넓은 범위의 기호식품의 경우에는 이런 질문을 한다.

- 당신은 얼마나 많은 사탕/초콜릿을 삽니까?
- 사탕을 다시 살 수 없다면 어떤 기분이 들까요?
- 언제 과자를 먹으며 먹을 때는 어디서 먹나요?

그리고 마지막 질문은 브랜드에 관한 것을 제시한다.

- 어떤 부류의 사람이 이런 브랜드를 만들까요?
- 이 브랜드를 사는 사람은 다른 브랜드 중 어떤 것을 살까요?
- 이 브랜드를 세 단어로 묘사한다면?

수업이 이루어지는 한 시간 동안 임원들은 마치 자신이 소비자가 된 것처럼 내 질문에 대답하려고 열심히 노력했다. 웃음이 많이 터졌지만 곧 진지하게 수업에 임했다. 이것은 정치가에게 시내버스 요금을 물어보는 것의 비즈니스 버전과 다름없었다. 마침내 나는 수업을 마치고 그들에게 자기들이 한 것에 대해 어떻게 생각하는지 물었다. 그들은 가격과 유통 문제에서는 잘했지만 일반적인 '생활 속의 하루' 유형의 질문에는 그리 잘하지 못했다고 생각했다.

하지만 "'고객의 입장에 서 보는' 훈련"은 시작에 불과했다. 나는 임원들에게 방 밖에 둥글게 배치된 의자로 옮겨 앉도록 부탁했다. 그리고 쪽문을 열자 진짜 피비, 사만사, 제인, 질, 그리고 나머지 10대 소녀들이 걸어 들어왔다. 방 안은 침묵이 흘렀고 임원들은 그제야 무슨 일이 벌어지고 있는지 깨달았다. 나는 대역을 한 임원들이 앉았던 곳에 소녀들을 앉도록 하고 정확히 똑같은 순서로 똑같은 질문을 했다. 핀 하나가 떨어지는 소리가 들릴 정도로 적막이 깔렸다. '진짜' 소비자가 말한 대답이 모든 소비자들을 대변하는 것은 아니지만 두 가지 대답을 비교하는 것은 흥미로웠다.

몇몇 임원은 나머지 사람들보다 소비자를 훨씬 더 잘 이해했다. 실마리조차 못 잡은 것 같은 사람도 있었다. 어떤 임원은 소녀 고객들이 친구들과 어떻게 밤 시간을 보낼 것인지 정확하게 예상했고, 브랜드가 계속 유지되지 않으면 그들의 기분이 어떨지에 대해서도 잘 설명했다. 다른 임원들은 밤 외출 문제로 고전을 면치 못했다. 소녀 고객들이 어디로 갈지, 그들이 무엇을 먹고 마실지, 어떤 대화를 나눌 것인지 전혀 짐작하지 못했던 것이다. 이들 임원은 브랜드가 유지되지 못하면 고객들의 세계가 허물어질 것이라고 예상했는데, 그건 사실이 아니었다.

혁신팀이나 혁신 관련 팀은 자기들의 전문 지식이나 편견,
혹은 지식의 틈을 인정할 때까지는 귀를 열고
다른 사람들의 말을 듣는 것이 아주 어렵다는 사실을 알게 된다.

그것은 굴욕을 주려는 수업이 아니라 임원들 가운데 누가 진정한 통찰력을 지녔고 누가 한 가지 의견에 편향되어 있는지 밝히기 위한 것이었다. 이 게임은 확실히 잘못 다루면 다이너마이트이지만, 나는 모든 사례를 통해 그것이 굉장한 효과를 발휘한다는 사실을 알았다. 아마 우리는 이 수업을 처음 구상한 이후로 전 세계에서 천 번 정도는 진행했던 것 같다. 혁신 팀이나 혁신 관련 팀은 자기들의 전문 지식이나 편견, 혹은 지식의 틈을 인정할 때까지는 귀를 열고 다른 사람들의 말을 듣는 것이 아주 어렵다는 사실을 알게 된다. 자기들이 모든 걸 알고 있다고 생각하고 줄곧 자신의 지론(절대 버리지 않아서 시간이 지나는 동안 거듭해서 다시 나타나는 이론) 으로 되돌아가기 때문에 실마리를 포착하지 못하거나, 자기가 아무것도 모르고 너무 많은 선택에 둘러싸여 있어서 두려워할지도 모른다.

이 수업은 특히 '알 건 다 아는' 확신에 찬 고위 임원들에게 도움이 된다. 이들은 혁신의 끝에서 방해가 될 수 있다. "'고객의 입장에 서 보는' 훈련"은 그들로 하여금 세상이 얼마나 많이 달라졌는지 깨닫게 해준다. 게다가 사무실에서 할 수 있는 훈련이기 때문에 매우 편리하다.

이제 우리는 주파수를 정확하게 맞추었다. 자극을 위한 탐색을 시작할 수 있다. 하지만 과연 어디부터 살펴보아야 할까? 자극을 찾기 위한 '마음 준비'를 한 20년 동안 내가 항상 맨 먼저 시도하는 곳이 있다.

사람은 무엇을 직접 할 수밖에 없는 상황에서 큰 실마리를 발견할 수 있다. 최근에 나는 택시를 탔다가 운전사의 사진을 찍었다. 그는 스크린에 중독된 사람이었는데, 이는 우리에게 큰 실마리를 던지고 있었다. 자동차 회사가 필요한 것을 주지 않았기 때문에 그는 직접 그것을 만드는 수밖에 없었다. 자신만의 해결책을 찾는 사람들은 당신에게 아주 좋은 실마리를 던진다.

자신만의 해결책을 찾는 사람들은
당신에게 아주 좋은 실마리를 던진다.

실마리를 얻기 위한 또 다른 최고의 사냥터는 '모순'을 포착하는 순간이다. 우리는 더 나은 서비스를 제공할 새롭고 혁신적인 방법을 찾고 있던 한 세계적인 은행과 협업을 한 적이 있다. 그리고 그들의 단골 고객과 다른 은행으로 떠난 고객을 모두 방문했다. 그들의 집으로 가서 그들이 경제적인 결정을 내리는 장소에서 이야기를 나누게 해달라고 부탁했다. 그리고 가택사무실, 부엌, 심지어는 침실까지 밀고 들어갔다. 대부분의 고객들은 자기들에게 돈이 얼마나 중요한지, 동전 하나라도 얼마나 중요하게 여기는지, 은행에서 자세한 부분까지 관심을 갖는 게 얼마나 필요한지 말했다. 사실 그들은 은행의 세세한 관심에 무척 비판적이었다. 하지만 우리는 그들에게 책상 서랍이나 통장, 혹은 온라인 파일을 열어달라고 부탁했을 때 놀라운 사실을 알았다. 사실 우리가 본 것은 거의 없었다. 대부분의 고객들은 자기가 어떤 금융 상품을 갖고 있는지, 얼마의 이율로 예금을 하는지, 혹은 금융상품 실적은 얼마나 좋은지 전혀 몰랐다. 그것은 놀라운 모순이었고 또한 커다란 실마리였다.

'알기 위한 준비'의 가장 마지막 주의사항은 상황이 조금 혼란스러워도 두려워하지 않는 것이다. 사람들이 사회적 관습에 어깨를 으쓱하며 속에 감춰두었던 날 감정을 드러낼 때 놀라운 것을 관찰할 수 있다. 문제는 많은 사람들이 당신의 상품이나 서비스에 관해 정말 어떻게 생각하는지 말해주지 않는다는 것이다. 어쩌면 당신의 상품, 당신이 좋아하는 상품이 그들에게는 무척 지루하게 느껴질지도 모른다. 아니면 과체중인 사람들이 콜레스테롤에 관해 이야기하거나, 애연가들이 흡연에 관해 이야기하는 것처럼 당사자가 어떤 문제를 끄집어내는 것을 무척 고통스럽게 여길지도 모른다. 가끔은 화제가 발기 부전, 체취, 치질, 파산, 혹은 문맹처럼 당혹스러울 때도 있다. 따라서 이들이 이야기를 꺼낼 수 있도록 유도해야 한다.

우리는 최근에 이혼한 남녀가 두 동강난 재정을 어떻게 관리하는지 알아보았다. 그래서 대화를 이어가려고 의자를 서로 마주 보도록 두 줄로 놓았다. 최근에 이혼한 남자 5명과 역시 최근에 이혼한 여자 5명이 안으로 들어왔다. 우리는 그들에게 서로를 마주보며 반대편에 앉아달라고 요청했다. 불과 몇 분 만에 방 안의 양쪽이 상대를 향해 열을 올리기 시작했다. 한 여자는 '신부 입장을 하던 날'부터 결혼생활이 오래가지 않을 거란 걸 알았다고 털어놓았다. 같은 여자들 중 여러 사람이 그 말에 동의하자 남자들은 노골적으로 반박하는 주장을 쏟아내기 시작했다. 의자가 날아다니기 전에 우리는 대화를 중단했다. 금융서비스 회사는 풍부한 실마리를 얻었다. 관습적인 연구로는 밝혀내지 못했을 실마리들이었다.

사람들을 대화로 유도하는 또 다른 방법은 유머를 이용하는 것이다. 유니레버의 상표인 액스를 미국에서 출시하기 전, 액스의 브랜드 총괄인 닐 문과 그의 팀원 10명은 시카고의 코미디 클럽에서 하루를 보냈다. 거기에 18세 청소년 60명이 합류했다. 조명이 어둑해지고 무대에서는 코미디언들이 데이트와 짝짓기 게임에 관한 우스갯소리를 하기 시작했다. 처음 등장한 코미디언은 청년이 여자를 꼬드기기 위해 어떻게 접근하는지 이야기했다. 여자 코미디언이 그의 애처로운 구애의 말을 무자비하게 난도질하자 관객들은 웃음을 터뜨리면서도 몹시 당혹스러워했다. 웃음이 진정되면서 무대 조명이 켜지고 문은 관객들과 함께 이 이야기가 왜 그렇게 우스운지에 대해 이야기했다. 문은 이렇게 실마리를 얻었다.

"그날 우리는 그때까지 알았던 것보다 더 많은 것을 배웠습니다. 가벼운 유머와 함께 공연을 본 경험 덕분에 팀원들이 여린 감성을 잘 끄집어내더군요."

역설적으로, 관습을 떨쳐내기 위한 또 다른 방법은 표준화의 감각sense of normality(모두가 같은 기준을 갖게 만드는 것)을 만들어내는 것이다. 예전에 우리는 수영장에서 건선으로 고생하는 사람들과 실마리를 얻는 과정을 진행한 적이 있다. 우리는 모두 똑같은 수영복을 입었다. 그래서 사람들이 평소에는 기피하는 장소에서 서로의 상태를 비교하면서 터놓고 이야기를 나누는 게 무척 수월했다.

같은 맥락으로, 콘돔 제조업체를 위해 '섹스의 미래'라는 프로젝트를 진행했다. 프로젝트를 시작하기 전 우리 팀과 고객사의 팀이 함께 '표준화normalize'를 위해 만났다. 우리는 회의에 들어가 섹스에 관해 이야기를 나누었는데 한 번도 들어보지 못한 수많은 성적인 말과 정의가 난무했다. 나중에는 평소 금기시되는 말과 개념이 아무렇지도 않게 나올 때까지 이야기는 계속되었다. 그 과정이 없었다면 서로 터놓고 말할 수 없었을 것이다.

중요한 발명은 단순한 우연이 아닙니다.
(발명이 단순한 우연이라는) 잘못된 생각이
널리 퍼져 있는데, 안타깝게도 과학기술 분야의 사람들은
그런 견해를 떨쳐내기 위해 아무런 노력도 하지 않습니다.
'우연'이 어떤 역할을 하는 건 분명하지만 발명에는
마른하늘의 날벼락이라는 흔한 생각보다 더 중요한 것이 있죠.
발명의 필수 요건은 깊고도 넓은 지식입니다.
사전에 철저하게 몰두하지 않는 한, 흔히 말하는
천재의 섬광이 발현되어야 하는데도 불구하고
불꽃을 피울 만한 대상을 전혀 찾아내지 못할 겁니다.

노벨상 수상자 폴 플로리Paul Flory가 미국화학학회가 수여하는
최고 영예의 상프리스틀리 메달을 수상하는 자리에서 한 말.
로이스톤 M. 로버츠Royston M. Roberts, 『Serendipity, Accidental Discoveries in Science』

자극을 받았다면 그다음은?

탐정 영화를 떠올려보자. 범죄 현장은 우리가 단서를 수집하는 곳이다. 탐정들은 경찰서 수사본부로 집결한다. 벽은 단서들로 가득하다. 정신없는 북새통 속에서도 탐정들은 뒤에 물러서서 손가락으로 턱을 문지르며 어떤 패턴을 발견하려고 고심한다.

모든 곳의 혁신가도 똑같은 절차를 따른다. 우리는 사실과 단서를 확인하면서 '왜 그렇지?'라고 생각한다. 그와 동시에 자기가 가진 모든 자극의 렌즈에서 수집한 단서들을 들여다본다. 팔팔 끓는 정신의 수프 안에서 연결고리가 만들어지고 예감이 형성된다.

우리는 이런 예감을 '통찰'이라고 부른다. 통찰은 혁신가에게는 중요한 개념이다. 그것은 사람들이 어떤 일을 하는 이유를 깊이 이해할 수 있게 한다. 그래서 상대의 마음을 꿰뚫어보는 능력은 흔히 잠재적 해법을 생성하는 좋은 통찰이다. 좋은 통찰은 비료를 잘 뿌려준 정원과 같아서 아이디어를 생산해낼 수밖에 없다. 그 반대도 마찬가지이다. 통찰 부족은 사막과 같아서 이곳에서는 빈약한 아이디어만 자란다.

정리를 위해 탐정에 관한 은유의 결론을 내리려고 한다. '체포'는 훌륭한 아이디어를 이끄는 통찰이며, '유죄선고'는 성공적인 출시다.

통찰의 과정에 관한 생각을 실제로 해보기 위해, 환자가 의사 사이의 대화를 개선할 방법을 찾고 있다고 해보자.

• 나는 의사들이 시간을 내어 약을 일정한 시간에 맞춰 복용하는 방법을

설명한다면 대부분의 환자들이 더 빨리 회복할 것이라고 말하는 걸 들었다.

- 나는 병원 접수원이 환자에게 약국의 위치를 알려주려고 노력하는 것을 보았다.
- 나는 혈액 채취와 약품 투여 등 간단한 의료 처치를 교육할 때 적용하는 최소 규정을 읽었다.
- 자가 처방을 내리려고 웹사이트를 이용하는 환자들에 관한 이야기를 읽었다.
- 약을 공유해서 지인들이 굳이 병원에 가지 않아도 되게 하는 사람들의 이야기를 들었다.
- 상담을 서둘러 마무리하려는 의사를 보았다.
- 의사의 말을 제대로 이해하지 못하는 환자들을 보았다.
- 환자들이 2시간 동안 대기실에 앉아 있는 걸 보았다.
- 한 환자가 우리 안팎으로 몰리고 있는 양이 된 것 같은 기분이 들었다는 말을 하는 것을 들었다.
- 의사의 왕진을 받으려면 65파운드^{한화 약 11만 원}를 지불해야 한다는 이야기를 들었다.

이렇게 포착된 실마리는 전형적인 징후가 아닐 수는 있어도 분명히 객관적인 관찰에 따른 것이다. 그것은 사람들이 어떻게 행동하는지, 무슨 말을 했는지, 어떤 일이 대가를 치르고, 일이 어떻게 돌아가는지에 관한 관찰의 혼합이다. 실마리는 항상 '……한 말을 들었다', '……을 보았다', 혹은 '……

을 읽었다'로 끝난다. 이것은 실마리와 통찰의 차이를 구분하는 쉬운 방법이다. 따라서 앞의 목록은 많은 자극의 렌즈를 통한 관찰에서 도출된 풍부한 실마리의 조합이라는 것을 알아두자. '세렌디피티'에 의한 발견은 이런 곳에서 일어난다. 따라서 이런 자극의 렌즈를 종합하는 것이 중요하다.

이 실마리들 중에는 다음의 통찰이 일어나도록 연결할 수 있는 것들이 있다.

1. 의사와 환자 모두 상담 절차가 효과가 없다고 믿는다.
2. 7분 진료에 진단 단계와 조언 단계가 포함된다. 진단은 의사가 필요하지만 조언은 그보다 더 낮은 단계의 활동이다.
3. 환자들은 나쁜 경험을 할 것으로 예상하고 있다. 상담이 시작되기 전부터 기분이 좋지 않다.
4. 숙련되지 않은 의료 직원이 할 일이 거의 없는데도 의사들은 그들을 바쁘게 일하도록 재촉한다.

통찰은 영감을 줄 수 있거나 평범할 수 있다. 1번과 3번 통찰은 별다르지 않지만 2번 통찰은 무척 흥미롭다. 좋은 통찰은 기발한 해법을 떠오르게 한다. 이 경우 나는 곧바로 아이디어를 떠올리고 있다. 어쩌면 더 강도 높은 훈련을 받은 접수원이라면 '조언' 단계 부분을 처리할 수 있을지도 모른다. 어쩌면 병원에 수납 안내원과 배치 안내원을 둘 수도 있지 않을까? 배치 안내원은 환자가 문제를 해결하지 못한 채로 병원을 떠나지 않도록 확인하거나 혼란스러운 환자들과 시간을 보내며 약을 복용하는 방법을 설명해줄 수 있을 것이다. 아니면 2번과 4번 통찰을 조합할 수도 있다. 지금 나는 의사가 병상보고서를 확인한 뒤 배치 안내원이 검사 결과에 따라 증상이 가벼운 환자에게 통보를 해줄 수 있다는 생각도 해본다.

Let's Play

이 장에서는 기업이 어떻게 하면 '판에 박힌' 위험한 사고에서 벗어날 수 있는지 살펴보았다. 자극을 향한 탐색은 시작하기까지 몇 주, 실행하기까지 한두 달, 그리고 황금 같은 결과를 얻을 때까지 다시 몇 주가 걸릴 수 있다. 따라서 다음과 같은 체크리스트가 필요할 수 있다.

준비

- 어떤 것을 하기 전에 먼저 바로 눈앞에 해답이 있지는 않은지 확인하라. 많은 시간과 비용을 절약할 수 있다.
- 서로를 마주 보고 시선을 마주치며 그 탐색에 용기가 필요하다는 것을 인정하라. '고통이 없으면 얻는 것도 없다.' 이것은 진부한 말이지만 진실이기도 하다.
- 안테나를 맞춰라. 나는 '고객의 입장에 서 보는' 훈련이 팀 차원에서 안테나를 조정할 수 있게 해준다고 설명했다. 우리 모두가 갖고 있는 편견이나 우리 중 일부가 갖고 있는 이해의 부족을 인정하지 않는다면 혁신팀은 금세 제 기능을 하지 못한다.

탐색

자극의 렌즈는 많다. 이 단계에서 요령은, 여러 가지의 정확한 관찰이나 '실마리'(들었다, 보았다, 읽었다)를 통해 보는 것이다.

중요한 렌즈는:
- **고객**: 시장, 분야, 혹은 범주를 초월해서 그들의 머릿속으로 들어가라.

극단적이고 유별난 이용자를 찾아라.

- **능력**: 새로운 눈으로 당신이 잘하는 것을 찾아라.

- **연관 분야**: 이 과제를 해결한 다른 사람은 누구인가?

황금을 골라내라

사건 지역 수사본부로 가서 당신이 모은 수많은 실마리를 확인하라. 그것들을 한데 모아 새로운 통찰을 얻어라. 그것이 아이디어와 혁신의 기초이다.

3

아이디어를 현실로
Making Ideas Real

혁신가가 가장 좋아하는 무기

30

당신에게 지금 30초밖에 없다면…

'아이디어를 현실로 만드는 것'은 아이디어를
즉시, 감정적으로 반응할 수 있는 형태로 해석하려는 태도이다.

◆

'아이디어를 현실로 만드는 것'은 말을 멈추고 행동을 시작하도록
촉구하므로 훨씬 더 나은 혁신을 부른다.

◆

'아이디어를 현실로 만드는 것'은 '위험을 견디기' 위한 실질적인 방법이다.

◆

'아이디어를 현실로 만드는 것'은 시장에 참여한 모든 기업에 필요하다.

◆

혁신 과정의 모든 단계, 곧 초기 토의, 모의실험, 시제품 제작, 파일럿 프로그램,
심지어는 출시 이후 단계에서도 현실화가 가능하다.

◆

'현실회'의 핵심에는 반복적인 접근방식,
곧 시험과 제작을 반복하는 실험 과정이 있다.

◆

아이디어의 현실화에는 4개의 기둥이 있는데, 만족하는 태도,
저비용 접근, '그냥 시작하기', '온실화 green housing'가 그것이다.

부츠Boots라는 이름은 160년이 넘는 세월 동안 영국의 번화가에 있었다. 오늘날 영국 전역의 부츠 매장은 2,500개에 달하며, 그중 다수는 과거에 '부츠 더 케미스트Boots the Chemists'라는 상표를 달고 있었다. 그 세월 동안 부츠는 의약품을 전국으로 공급했고, 약사들은 '카운터 뒤에서' 의사의 처방대로 약을 조제했다. 그런데도 이 번화가의 베테랑 매장은 첨단 혁신 기술에서 결코 멀리 있지 않다.

왓이프는 부츠 UK로부터 소비자들이 약국에서 쇼핑을 할 때 무심코 약품을 구매하는 습관을 깨 달라는 요청을 받았다. 연구 결과, 시간에 쫓기는 소비자들은 괜한 질문으로 약사를 괴롭히기 싫어서 약효가 덜하더라도 가장 가까운 선반으로 가서, 자신에게 맞는지 안 맞는지 상관하지 않고 늘 복용하는 기침약이나 위염치료제를 집어 든다는 것을 알았다. 우리는 부츠의 'A 지역' 지점 한 군데에서 현장 직원들과 함께 일하면서 완전히 자유롭게 제품을 이리저리 옮겨 진열했고, 선반에 새 제품을 올려놓았으며, 제품 표시판을 바꾸었다.

어느 일요일 밤에 도착한 왓이프의 직원들은 쇼핑객이 약사에게 조언을 구하도록 유도할 방법에 대해 몇 가지 가설을 가지고 있었다. 하지만 이 단계에서는 의도적으로 그런 가설을 약국에 적용하지 않았다.

우리는 그 후 12시간 동안 교대로 일하면서 약국 안팎을 다시 정리했다. 매장 관리자는 가족과 친구들의 일손을 빌렸다. 오전 8시가 되자 매장에는 몇 가지 미묘한 변화가 일어났다. 손님들에게 약사의 조언을 구하라고 안내하는 새로운 표시판이 선반에 걸렸고 직원이 손님을 응대할 때 사용할 새로운 안내문도 생겼디.

약국의 문이 열렸고 우리는 뒤로 물러나 손님들의 행동을 지켜보았다. 손님들에게 질문을 하게끔 돕도록 미리 직원들을 교육해두었다. 하지만 밤새 이룬 변화는 도움이 되기는커녕 혼란만 더한 게 분명했다. 손님들은 우리가 붙여놓은 표시판에는 관심도 없었다. 그래서 점심시간 이후 조용한 시간에 표시판을 더 크게 만들었다. 두 명의 그래픽 디자이너와 함께 작업을 했기 때문에 우리는 아무 제약 없이 수정을 마음껏 할 수 있었다. 우리는 관찰하고 질문하고 재정리하면서 하루를 꼬박 보내고는 '첫날'을 되돌아보기 위해 근처 커피숍으로 후퇴했다. 우리는 밤새도록 그 매장을 조정하는 절차를 계속했지만 우리가 제안한 매장 재편성 방안은 효과가 없어 보였다. 우리의 예측은 그냥 손발이 맞지 않았다. 그래서 우리는 방향을 바꾸어 한 장씩 떼어내는 메모지에 약사의 조언을 구하라는 말을 적었다. 그리고 그것을 매장 선반에 놓인 수많은 두통, 기침, 감기 약통 뒷면에 붙였다.

둘째 날이 다 지날 무렵, 손님 몇 명이 메모지를 읽기는 했지만 별다른 차이는 없었다. 그날 저녁, 팀은 불편한 기분이 들기 시작했다. 주어진 시간이 반이나 지났고 우리에겐 보여줄 게 거의 남아 있지 않은 상황이었다. 하지만 나중에 한 팀원은 그 주를 '깊은 절망에서 높은 기쁨으로' 여행한 시간이라고 묘사했다.

우리의 '실험자들' 중 한 명이 메모지 작업을 더욱 밀어붙였다. 우리는 표시판과 이름표를 모두 제거했다(사실상 마지막 48시간의 작업). 그런 다음 카운터 뒤쪽에서 '처방이 필요한' 약품들을 가져와서 알약과 가루약을 꺼내고 빈 상자를 선반에 올려놓고는 거기에 약사가 권하는 초강력 효능의 '최고' 제품이라고 추천하는 표시판을 더 크게 만들어 붙였다.

우리가 좋은 아이디어를 떠올린 게 분명했다. 수요일에는 손님들이 걸음을 멈추고 메모지를 읽고 어떤 두통약이 자신에게 가장 좋은지 생각하기 시작했다. 그날은 많은 '텅 빈' 초강력 상자가 팔렸다(약사가 속이 찬 제품으로 바꿔주었다). 부츠 UK 직원들은 아주 신속하게 선반을 채워야 했다. 부츠 UK의 한 선임 간부인 사이먼 포츠는 기뻤다. 그는 그 아이디어를 조용히 다른 8개 매장으로 전파했다. 지금 그 영향력은 압도적이다. 약국 분야에서 평균적으로 매출이 상당량 증가한 반면 들어간 비용은 매우 적었다. 몇 주도 안 되어 그 아이디어는 전국의 모든 매장으로 확산되었다.

부츠 UK는 오랜 세월 동안 제약 부문 매출 상황을 분석했지만 결국 변화를 가져다준 것은 자료 분석이 아니라 '현실화'를 위한 실험적인 방식이었다.

수많은 자료 중에서 핵심을 추출하거나 '엘리베이터 피치'를 할 수 있는 능력은 욕심 있는 직원의 필수품이 되었다. 직장에서 100쪽짜리 프레젠테이션을 중심으로 생활할수록 우리는 고객과의 거리감을 느낀다. 나는 많은 임원들이 '현실적인 말'이나 '바깥세상'을 언급하는 걸 보았다. 이런 용어는, 그들의 세상이 사실은 별로 현실적이지 않다는 암묵적인 인정으로 들렸다.

'아이디어의 현실화'는 어떤 아이디어를 고객들이 인정할 만한 형태로 바꾸도록 끊임없이 우리 자신을 자극하는 과정을 말한다. 거리낌 없고 무의식적인 고객의 반응에 가까이 다가간다는 의미이다. 현실화는 비즈니스적인 대화(소비자를 '그들'로 표면화할 수 있는)를 1인칭 대화로 효과적으로 전환한다. 이제 그것은 '나의' 반응, 나의 진솔한 느낌, 나의 판단에 더 가깝다.

현실화는 모든 형태의 조직에 적합하다. 무형의 제품, 온라인 비즈니스를 다루는 서비스 기업, 기업을 대상으로 하는 기업, 소비재 제조회사 모두 현실화가 가능하다.

현실화는 혁신 주기의 모든 단계에서 중요한 역할을 한다. 반쯤 형성된 생각을 이리저리 굴리는 초기 단계에서 '현실화'는 우리가 서로에게 말하는 방식을 바꾼다는 의미와 같다. 이제 우리가 '전문 용어'로 아이디어를 묘사하는 것을 멈추면 소비자나 고객은 그것을 보고 그것에 대해 이야기할 것이다. 이 단계에서 소비자와 함께 아이디어를 만든다면 혁신의 속도는 더 빨라진다.

우리는 대략적인 묘사를 통해 제품 아이디어를, 간단한 연극을 통해 서비스 아이디어를 현실화할 수 있다. 잠정적인 아이디어를 기본적인 시제품으로 만들면 빠른 평가를 얻고 개발부서의 확신을 쌓을 수 있다. 그러면 아이디어를 반복 실현해서 더 넓은 범위의 집단으로부터 훨씬 더 많은 평가를 얻게 된다. 사업 모델을 현실화하면 회사 전체 직원들이 기여할 수 있고 상업화에 필요한 실질적인 협상이 진행될 때 성공 가능성이 높아진다. 현실화는 출시 당일에 끝나지 않는다. 많은 기업들은 출시를 혁신 과정의 한 단계에 불과하다고 생각하고 있다. 출시 이후에 더 많은 개발 과정이 계획되어 있기 때문이다.

이 장에서 우리는 한 아이디어의 개발 주기를 따라 현실화의 방법을 탐구하고 '아이디어 현실화'를 위한 자세를 항상 갖추기 위해 무엇이 필요한지에 관한 의견을 나눌 것이다.

현실화: 아이디어가 탄생할 때

현실화는 설계와 개발 단계보다 훨씬 이전, 아이디어가 생겨나는 순간부터 도움이 된다. 당신이 술집이나 택시, 혹은 전화로 동료와 이야기를 하고 있다고 가정해보자. 당신의 동료는 아이디어의 씨앗을 가지고 있고 당신은 부러운 마음이 든다. 그러면 그 아이디어를 계속 추궁하거나(어떤 수익이 날 것인가? 투자 대비 어떤 보상을 가져올 것인가?) 당장 함께 그것을 현실화해보자고 제안할 수 있다.

현실화는 대본을 수정하고 혁신의 가능성을 근본적으로 개선할 기회를 준다. 그래서 아이디어를 현실로 만들어보는 것이다. 그것을 누기 사용할 것으로 추측하는가? 그들은 자기 친구들에게 제품에 대해 어떤 말을 할까? 그것은 내게 이익을 가져다줄까?

"좋아요, 당신의 아이디어를 잘 이해할 수는 없지만 잠시 앉아서 이야기해봅시다. 그걸 현실화하려면 어떻게 해야 할까요? 설명해줄 수 있어요? 사스키아에게 참여해달라고 부탁합시다. 우리와는 달리 그녀는 고객이니까요."

"이봐요, 이 신제품 아이디어가 흥미롭기는 한데 어떻게 현실화해야 할까요? 친한 바이어에게 전화를 해서 그 제품이 실제로 있는 것처럼 말하고 회의를 할 기회가 있는지 알아봅시다."

"좋아요, 이 새로운 서비스 아이디어에 관심이 가는군요. 당장 실행에 옮겨봅시다. 당신이 구매자가 되고 내가 판매자가 되어보자고요. 어떻게 말하고 행동해야 할까요?"

'지금 그것을 어떻게 현실화할까?' 이는 혁신에 있어 가장 중요한 질문 가운데 하나이다. 그리고 소비자의 경험 속으로 더 깊이 들어갈 수 있는 용기를 준다. 실재한다는 가정은 놀라울 정도로 이른 단계의 활동이며, 그 방법은 대화나 모의실험, 혹은 기본적인 실물모형 제작이 될 수 있다.

데이브 Dave가 식탁 위에 놓인 물건을 이용해 축구의 오프사이드 트랩 공격자의
오프사이드 반칙을 유도하는 작전을 내게 설명하고 있다. 현실화의 중요성은 무한하다!

현실화: 협력이 힘이 된다

잘 들어보자. 한 신생 통신회사가 2012년에 출시한 '48'에 대한 라디오 광고로 아일랜드 시장에서 단번에 대성공을 거두었다.

"난 유혹해서 키스하고 데이트를 하고 버리겠어. 너에게 상처도 줄 거야. 남자들에게 일부러 잘못된 전화번호도 줘야지. 한 시간 외출한다고 하고 다음 날 아침에 몰래 들어오려고. 너의 소파에서 잠을 깨고도 난 네가 누구인지 몰라. 싫으면 꺼지든가."

이 광고문을 읽고 얼굴을 찌푸렸다면 당신이 목표 청취자가 아니기 때문일지도 모른다. 텔레포니카Telefonica가 소유한 48은 아일랜드의 18~22세의 연령대를 대상으로 한다. 텔레포니카의 독특한 가격 구조와 투지 넘치는 광고는 어마어마한 인기를 끌었다.

전통적이고 순차적인 접근방식 대신
협력을 할 초창의적인 10대를 찾아
그들과 짧은 기간 만나면서 시작했다.

136

텔레포니카는 젊은 고객을 대상으로 결정하고 나서 중년의 임원들이 아무리 많은 시간을 10대들과 어울려도 그들의 생활, 유머, 언어에 대한 접근 방식을 정확하게 반영할 수 없다는 점을 곧바로 깨달았다.

그래서 텔레포니카는 근본적인 조치를 취했다. 임원들이 연구를 진행한 뒤에 외부 기관과 아이디어를 찾는 전통적이고 순차적인 접근 방식 대신, 협력을 할 창의적인 10대를 찾아 그들과 짧은 기간 만나 목표 시장에 혁신적으로 적절한 제품을 개발하는 것을 목표로 삼았다.

창의적인 10대를 찾는 일은 생각보다 오래 걸렸다. 그들은 18~22세의 똑똑하고 당차고 열심히 사는 아이들을 찾았다. 심지어 광고문안 작성, 영화 제작, 혹은 연기 같은 창의적인 능력도 필요했다. 무엇보다도 일주일 동안 한 공간에서 함께 작업할 수 있어야 했다. 적당한 아이들을 찾기 위한 면접에만도 여러 주가 걸렸다. 창의적인 10대에게 주어진 업무는 어떤 아이디어에 대한 충격파를 아일랜드 전역으로 퍼뜨려 빠르게 시장 점유를 달성하는 것이었는데, 그만큼 18~22세 아이들이 그 일을 좋아해야 했다(아이들의 부모는 대부분 싫어할 터였다).

새로 모집한 크리에이티브팀은 더블린의 사무실에서 '조직화된 혼란'의 일주일을 보냈다. 그곳에는 개략적인 계획, 무대감독처럼 행동하는 노련한 진행자 두 명, 발상에 도움이 되는 많은 벽면 공간, 많은 음악, 많은 웃음, 많은 커피가 있었다. 새로운 콘셉트의 모든 면을 건드리는 아이디어들이 난무했다. 그들은 의사소통 아이디어, 이름 아이디어, 언론 전략 아이디어, 가격 구조 아이디어, 콜센터 대본 아이디어, 유통 아이디어를 작성하고 연기하고 기록했다. 그러고는 단숨에 그것들을 다시 만들고 다시 연기하고 다시 글로 옮겼다.

텔레포니카팀은 목표 연령 집단에 집중했고 가능하면 가까이 다가갔다. 팀에서 나이가 많고 직위가 높은 사람들은 틈이 날 때마다 점검차 들르기는 했지만 심각한 분위기를 그 집단에 퍼뜨릴까 봐 재빨리 사라졌다. 그 공간은 점점 더 창의적인 내용으로 가득 찼다. 금요일쯤 되자 프레젠테이션을 할 필요가 사라졌고 중요한 아이디어가 벽면에 글로 커다랗게 쓰였다.

'18세가 된 당신의 인생 앞에는 최고의 48개월이 기다리고 있다'

일주일도 안 되어 전체적인 마케팅 믹스marketing mix가 현실이 되었다.

이는 빠르고 비용을 최소화한 협력의 과정이었고
출시 시기에도 그 과정은 반복되었다.

그러나 브랜드 개발에 소요된 첫 주 이후에 협력과 탄력이 중단된 것은 아니었다. 텔레포니카는 참여자 몇 명을 채용하여 브랜드의 창의적인 수호자로 활동하게 했다. 그들은 2주 동안 동료들18~22세의 친구들과 협력해서 텔레비전 대본, 라디오 광고, 외부 의사소통을 위한 글을 작성했다.

몇 주 뒤에 텔레비전 광고 촬영이 시작되고 라디오 광고가 녹음되었다. 그리고 18~22세 청소년에게만 모든 문자, 통화, 네트워크의 사용료를 한 달에 10유로한화 약 1만 3천 원로 제한하는 특혜를 주는 '48'이 출시되었다. 전통적인 브랜드나 운영자의 의견은 전혀 없었고, 단지 신중하게 선정된 소비자의 참여만 있었다. 이는 빠르고 비용이 낮은 협력의 과정이었고 출시 시기에도 그 과정은 반복되었다. 텔레포니카는 48이 출시와 함께 약 70%의 인지도를 얻었다고 판단했다. 그리고 소비자들의 계속된 교류 덕분에 48은 출시 이후도도 진화힐 것이라고 믿었다.

이것은 고도의 기교가 발휘된 '현실화'이다. 48은 출시 6개월이 지나면서 100%에 가까운 목표 연령층 인지도를 기록하면서 아일랜드에서 가장 빠르게 성장하는 네트워크가 되었다. 그것은 완전한 백지에서 시작하여 출시까지 넉 달이 걸린 프로젝트였다. 전통적인 방식이었다면 그 절차는 다음과 같았을 것이다.

혁신 관련 팀이 목표와 관리 절차에 동의하고 프로젝트 팀을 지정

▼

팀 구성과 위원회 사전 조사

▼

조사 결과를 검토하고 의사소통과 제품 개발을 위한 업무 지침 작성

▼

새로운 아이디어 생성과 검토

▼

진행 방향에 대한 동의

▼

초기 단계 조사와 콘셉트 개선

▼

이해관계자와 회의, 사업계획 개발

▼

사업계획 검토, 더 많은 이해관계자들과 추가 교류

▼

진행/중단 여부 회의

▼

출시를 위한 계획 수립

이런 순차적인 과정을 거치려면 적어도 12개월은 소요될 것이다. 그렇
다고 우리가 사용하는 비전통적인 공동창조 방식co-creation 보다 결과의 질이

더 낫다는 보장도 없다.

48의 개발은 위대한 협력의 이야기다. 텔레포니카는 위원회를 거쳐가는 대신 적절한 협력자를 찾는 데 총력을 기울였고 그들에게 명확한 업무 지침과 함께 적절한 환경을 제공했다.

공동창조는 최종 사용자나 운영자와 더불어 어떤 아이디어를 공동으로 개발하는 것이다. 텔레포니카는 48에 맞는 요소들을 갖추었지만 여기서 놓쳐서는 안 될 것이 있다. 창의적이면서 혼란스러운 일주일 속에는 많은 계획과 노련한 통합이 필요했다.

내 경험으로 공동창조에서 성공하려면 다음 요소가 필요하다.

- **제한된 범위의 업무 지침:** 창의성은 제약을 좋아하므로 공동창조자들에게 끝없는 푸른 하늘 같은 기회의 부담을 주지 마라. 새로운 48 '브랜드'는 범위가 엄격하게 제한되었다. 명확한 연령층을 겨냥했고 가격 체계는 가장 유사한 경쟁자보다 더 낮게 형성되어 있었다.

- **엄선된 소비자:** 공동창조는 주인공의 자질에 의존한다. 전체 과정에서 이 단계를 가볍게 여기면 안 된다. 48의 해법과 일반적인 오픈소스Open Source 방식의 큰 차이는 참여자의 자질을 엄중하게 따진 것이었다. 그런 만큼 모집 과정에 걸린 시간이 실제 공동창조에 들어간 시간의 세 배였다.

- **대략적인 계획:** 공동창조자들은 상황을 궤도에 다시 올려놓을 수 있는

무대감독이 필요하다. 48의 공동창조 주간은 과도하게 계획되지도, 임의적으로 진행되지도 않았다.

- **전체적인 접근 방법:** 이와 같은 현실화는 실행과 전략을 동시에 반복할 수 있게 해준다. 48팀은 한순간은 브랜드, 다음 순간은 유통 모델 작업에 공을 들였다.

- **자원:** 공동창조자는 다양한 매체로 자신의 아이디어를 분명히 밝힐 수 있어야 하지만 여기에 비용이 많이 들어서는 안 된다. 48팀은 의도적으로 아이디어를 가시화하는 시간을 아꼈다. 그래야 그룹 전체가 할당된 시간에 대응할 수 있고, 그렇지 않으면 집중에 방해를 받기 쉽기 때문이었다.

- **업무 강도:** 위기감은 바쁘게 돌아가는 신나는 분위기를 만든다. 실제로 48 공동창조에 참여한 소비자들은 여름의 짧은 시간 동안만 활동했다.

현실화는 새로운 것이 아니다

100년 전, 토머스 에디슨 Thomas Edison 과 '머커스 Muckers' 라는 이름으로 불리던 견습공들은 뉴욕의 멘로 공원에서 수천 번의 실험을 하면서 전구를 비롯한 많은 발명을 견인했다. 당시 그가 한 말을 오늘날에도 적용할 수 있다는 것은 놀랍다. 그것은 현대의 연구자들에게 필요한 지침인 것 같다.

"어떤 것에 대해서 작동하지 않는 1만 가지의 방법을 찾는다면 실패하지 않았을 것이다. 잘못 이행되어 포기한 시도가 흔히 전진의 한 걸음일 때가 있으므로 나는 실망하지 않는다."

"나는 중요한 일을 완전히 우연한 기회에 한 적은 없다. 내 발명 중에서 그런 식으로 나온 것은 거의 없다. 스스로 분석적이고 고된 작업을 인내하고 견디려고 노력함으로써 그것들을 얻었다."

"완벽하게 만족하는 사람을 보여 달라, 그러면 당신에게 실패를 보여주겠다."

"무언가가 계획한 대로 이루어지지 않는다는 이유로, 그것이 소용없어지는 것은 아니다."

"쉼 없이 도전한다는 것은 불만스럽다는 것이며 불만은 진보의 첫 번째 요건이다."

"천재는 1%의 영감과 99%의 노력으로 탄생한다. 따라서 (천재는) 자신에게 주어진 숙제를 마친 재능 있는 사람일 때가 많다."

현실화: 시제품을 가동하고 아이디어를 입증하라

기술은 아이디어의 실현에 어마어마한 영향을 끼쳤다. 내가 혁신 사업을 처음 시작했을 때만 해도 우리는 판지와 접착테이프로 시제품을 만들었다. 우리 사무실이 유치원 같아 보일 때도 있었다. 요즘은 세계 어느 지역에서도 거의 완벽한 3D 모형을 '인쇄'할 수 있다. 하룻밤 사이에 새 사업을 모의 실험하는 기능성 웹사이트를 만들 수도 있다. 또한, 많은 나라에서 동시에, 실시간으로 소비자들이 우리의 시제품을 선호하는지 관측할 수 있다. 이런 추세는 앞으로도 계속되겠지만 디지털에 끌려 다니는 것이 아니라 디지털적으로 할 수 있어야 한다. 다시 말해, 아이디어를 실현하는 원칙을 먼저 알아야 한다는 것이다.

잘못된 생각이
올바른 결과를 만든다

비즈니스 세계에서는 케이스스터디가 멋진 이야기로 통한다. 예기치 않은 결과가 길을 막으면서 다른 기회의 문을 열기 때문에 혁신의 이야기는 갈피를 잡을 수 없다. 이런 실험적인 여행이 진정한 모험이다. 가슴앓이, 의기양양한 승리감, 열띤 대화가 밤이 깊도록 이어진다.

제임스 다이슨James Dyson은 먼지봉투 없는 다이슨의 듀얼사이클론 진공청소기를 제대로 발명하기 위해 5,126개의 시제품을 개발하는 엄청난 혁신의 모험을 감행했다. 이것은 에디슨도 인정할 만한 끊임없는 실험과 투지의 이야기다. 그러나 다이슨은 발명만 한 것이 아니었다. 항상 실험을 반복하는 태도는 최초의 아이디어를 시험 판매로 밀어붙이고, 다양한 유통 경로를 찾아서 사업을 확장하는 데 도움이 되었다. 오늘날 다이슨의 진공청소기는 전 세계의 많은 시장을 주도하는 상표이다. 에어블레이드라는 핸드 드라이기가 성공을 하고 상반회전contra-rotating 세탁기가 실패하는 등 더 많은 혁신들이 시장에 선을 보이는 동안에도 실험적인 사고는 계속 성과를 올렸다. 지금은 제임스 경이 된 제임스 다이슨의 자산은 수십억 파운드로 추정된다.

이야기는 1970년대 말로 거슬러 올라간다. 다이슨은 자기 집의 후버주니어 진공청소기가 집 청소를 정말 못해서 실망했다. 디자인을 전공했던 그는 짜증스러운 청소기를 분해했고 점점 더 두꺼워지는 먼지 층이 흡입력을 줄이고 결국은 기계의 성능을 떨어뜨린다는 걸 알았다.

"화가 났습니다……. 우리 모두가 제조업체들의 엄청난 속임수에 당하는 희생자였어요. 먼지봉투를 끼우면 곧바로 끔찍한 것들이 막혀요. 그걸 100년 동안 한 거죠. 나는 가장 강력한 진공청소기를 사느라 가진 돈을 모두 썼지만 원래 갖고 있던 청소기만큼 쓸모가 없었습니다. 회복할 수 없을 정도로 완전히 막혀버렸으니까요."

다이슨은 일찍이 자신이 발명한 또 다른 상품인 볼배로 Ballbarrow(정원에서 사용하는 수레-옮긴이)에서 여분의 스프레이페인트를 흡입하여 제거하기 위해 목재공장에 갔다가 강력 먼지제거기를 사용한 적이 있었다. 그런 기억과 진공청소기에 대한 불만을 계속 갖고 있던 그는 자기 집 부엌에 들어가 시리얼 상자, 부엌 가위, 접착테이프를 집어 들었다. 그러고는 곧바로 30여 cm 높이의 원뿔형 사이클론을 제작했다. 그것을 진공청소기의 통에 부착하였더니 원심력에 의해 먼지가 밖으로 뚫린 구멍을 향해 위로 올라가다가 결국은 원뿔의 밑바닥에 모였다. 다이슨은 발명품이 정말 효과가 있는지 확인하려고 집을 두 번이나 청소했다.

그 후로 시제품 개발에 몇 년이 흘렀다.

"추위로 손가락이 마비된 채 촛불 하나를 앞에 두고 웅크리고 앉아 또 다른 사이클론 시제품을 만드느라 머리를 싸매고 있었죠. 3년 동안 그 일을 혼자 했습니다. 몇 주 동안 계획한 모형을 망칠 때면 완전히 이성을 잃기도 했죠. 제이콥(그의 아들)은 차고나 지하저장고에서 아크릴판이 이리저리 나뒹구는 소리 아니면 귀청이 떨어질 정도로 큰 소리로 욕설을 내뱉던 나를 똑똑히 기억한다고 말하더군요."

결국 다이슨은 먼지봉투가 필요 없는 진공청소기를 제작하였는데, 그것은 흡입 유실이 전혀 없이 액체를 포함한 모든 것을 흡입할 수 있는 기계였다.

다이슨이 시장으로 가는 길에는 수많은 반전이 있었지만 결국 1993년에 영국에서 최초의 이중 사이클로닉 진공청소기를 출시했다. 다이슨 DC01과 후속 모델들은 유럽에 이어 일본, 호주, 미국까지 진출하면서 가는 곳마다 최다 판매 진공청소기로 등극했다. 경쟁사들은 처음에는 이상하게 생긴 청소기가 헛간에서 제작되었다는 사실을 위협으로 여기지 않았고 자사 청소기의 두 배에 해당하는 가격을 위험하게 생각했다. 하지만 결국 그것이 어마어마한 규모의 시장을 점유하자 그들은 비슷하게 생긴 기계로 대응하기 시작했다.

혁신에 대한 다이슨의 태도는 '잘못된 생각'이라는 그의 말로 요약할 수 있다. 혁신은 심사숙고한 계획이 아니라 비정상적인 생각, 그것의 실현, 그리고 그것이 올바로 되기 전까지 수많은 반복 과정을 거쳐야 한다는 인식에서 나온다. '신중한 생각'은 효과가 없다. 왜냐하면 인간은 자기 검열에 대단한 능력을 가졌고 실패에 대한 두려움이 너무 커서 위험한 발상을 차단하는데, 이는 자기도 모르게 생겨나는 안전 반응이다. 다이슨이 먼지와 쓰레기를 모으는 집 진통에 관한 아이디어를 떠올렸을 때 주변 사람들은 모두 말도 안 된다고 생각했다. 그러나 다이슨은 그것을 믿었다. 그리고 그것을 실현했을 때 놀라운 인기를 끌었고 지금 집진통은 많은 회사가 따라하는 장치가 되었다.

오늘날 다이슨은 입사하는 모든 사람들이 근무 첫날부터 다이슨 듀얼사이클론 청소기를 조립할 수 있어야 한다고 말한다. 넥타이는 업무 수행에 아무런 도움이 안 된다며 권하지 않는다. 설계와 기술은 하나의 기능이다. 이는 열정과 끈기, 그리고 가능한 한 빠르고 저렴한 아이디어의 실현에 의해 이루어진다.

다이슨은 놀라울 정도로 긴 시간 동안 아이디어를 개발하고 5천 개 이상의 시제품을 만들어냈다. 그리고 마지막에는 각 시제품을 개선했다. 하지만 그의 생각 한 편에는 '이게 과연 좋을까?', '누가 사기나 할까?'라는 의문이 도사리고 있었을 것이다. 우리가 자신의 시제품이나 모형을 널리 알리고 충분한 질문을 하고 비판을 '들을' 마음의 준비를 한다면 그런 실험적인 태도가 하나의 아이디어를 유용하게 만드는 데 도움이 된다. 다음은 혁신가가 제기해야 할 단순하지만 흥미로운 질문들이다:

- '이 물건을 친한 친구에게 어떻게 팔 것인가?' 이때 우리는 물건의 유용성을 설명할 때 사용되는 언어에 귀를 기울인다. 소비자는 대체로 임원이나 광고대행사보다 어떤 물건이 정말 좋은 이유를 분명하게 말할 수 있다.

- '이 물건을 구입/사용한다면 무엇을 중단할 것인가?' 이 질문은 신제품이나 새로운 서비스의 진정한 목표에 초점이 맞춰져 있다. 사람들에게 당신이 제안하는 매혹적인 신제품을 사용하기 위해 중단할 것을 말해달라는 것으로 그 물건을 실험할 수 있다. 그것이 생활을 더 복잡하게 한다면 실용성이 없다는 점을 기억하자.

- '이 물건의 가치가 기존 물건보다 더 높은가, 똑같은가, 아니면 더 낮은가?' 이것을 유도 심문으로 질문하지 말자. 응답자에게 가치가 동등하다고 주장할 기회를 주어야 한다. 물론 그들이 그렇게 대답하면 나쁜 소식이다. 동등한 가치를 지닌 제품이나 서비스를 위해 자신의 구매 습관을 바꿀 이유는 없기 때문이다.

다음은 내가 그동안 시제품을 제작하거나 서비스를 실험하면서 깨달은 교훈이다.

1. 단 한 차례의 긴 실험이 아니라 실험을 수없이 반복하는 계획을 세워라.
2. 어디까지나 실험이기 때문에 비정상적이어도 괜찮다. 그러니 자기 검열은 하지 마라. 마음 가는 대로 해도, 과격해져도 좋다.
3. 상황을 직면하고 모든 게 다 잘되지 않는 게 당연하다고 생각하라. 나는 페이스북의 표어를 좋아한다. '빠르게 움직이고 규칙을 깨라.'
4. 몇 가지 가설로 시작하고 자신이 처음부터 최고의 아이디어를 가지고 있다고 생각하고 싶은 유혹을 거부하라.
5. 자신이 가장 좋아하는 시제품을 망칠 수 있다는 것을 인정하라. 그것을 극복하라. 지나친 집착을 버리고 열정적이지만 객관적인 태도를 유지하라.
6. 빨리 시작하라. 조용히 시작하라. 자신감으로 무장한 다음 대중 앞에 나서라.
7. 낮은 비용으로, 가장 기본적인 것부터 시작하라.
8. 모의실험이나 실물크기 모형을 일찍, 자주 보여줘라.
9. 결단력을 갖고 개작을 하라. 애매하거나 두드러지지 않은 특성을 시험하는 것은 아무에게도 득이 되지 않는다. 분명한 이해를 위해 디자인 요소를 늘리는 게 더 낫다.
10. 관대하라. 당신의 아이디어만 한 것은 없다. 다른 어느 누구도 그 일이 일어나게 하지는 못한다. 실험에는 공동체와 협력하는 사람들이 필요하다.

증명:
현실화가 위험을 줄인다

현실화는 '실패를 견뎌라'라는 가장 짜증스러운 경영자의 격언에 대한 실질적인 해답이다. 가족과 대출이 있다면 과연 누가 실패를 견디고 싶어 할까? 반면에, 현실화는 더 미묘하고 세련된 개념이다. 소규모 실험을 자주 행한다는 것은 초대형 제품 출시에 투자하는 것보다 비상 정지 버튼을 훨씬 더 쉽게 누를 수 있다는 의미와 같다.

문제 해결을 위한 여러 번의 실험적인 접근은 한 번의 노출보다 더 효과적인 것으로 입증되기도 했다. 스탠퍼드대학교 연구원들[다우 외, 2009]은 28명의 참가자에게 땅으로 떨어지는 생달걀을 보호할 디자인을 만들어달라고 부탁했다. 참가자의 반은 자기들의 달걀 보호 디자인을 실험하고 그것을 5분, 10분, 15분, 그리고 25분 뒤에 반복했다. 나머지 참가자들은 한 가지 디자인에만 주어진 시간을 다 썼고 실험은 끝까지 하지 못했다. 모두가 비슷한 자원(종이, 끈 등 몇 가지 재료)을 가지고 있었다. 그 결과, 반복 제작한 사람들이 반복하지 않은 사람들보다 눈에 띄게 탁월한 성과를 보였다. 깨지지 않는 안전 낙하 높이가 거의 두 배에 달했고, 5m에 가까운 경우도 있었다. 집에서 아이들과 함께 실험해볼 만하다.

이 실험에서 반복 실험한 사람들은 처음에는 실험을 강행해야 한다는 압박에서 스트레스를 느꼈다고 말했다. 하지만 보고서 작성자들은 그런 이유로 디자인을 계속 반복하면서 결함을 찾아낼 수 있었다고 설명한다. 반면에 실험을 반복하지 않은 참가자들은 자기가 만든 디자인의 최종적인 결과물에 대해서만 추측할 수 있었다.

현실화: 중요한 요소들

다음은 혁신의 여행을 바라보는 단순한 방법이다.

$$I \times I \times I \times I = I$$

or

$$Identify \times Insight \times Idea \times Impact = Innovation$$

- Identify정의 = 전략적 목표
- Insight통찰 = 충족되지 않은 욕구, 차별화의 기회, 혹은 여백에 대한 관찰

- Idea_{아이디어} = 핵심 개념
- Impact_{영향} = 아이디어에서 출시에 이르는 상업화

이 등식은 덧셈이 아니라 곱셈이다. 따라서 어느 한 요소가 0이면 전체 합계는 0이 된다. 다시 말해, 혁신 여행의 각 단계가 중요한 역할을 하는 셈이다.

가장 스트레스가 많고 비용이 많이 들며 실패하기 쉬운 것이 여행의 마지막 부분이란 것은 명백하다. 새 제품이나 서비스를 구상해서 시장에 내놓는 것이 전체 업무의 99%를 차지할 수 있다. 이는 용기 없는 사람에게는 어울리지 않는 과정이며, 고위 임원이 처음부터 겁을 집어먹거나 그 아이디어가 왜 그렇게 좋은지 감을 잡지 못하기 때문에 많은 혁신이 실패로 돌아간다. '현실화'는 혁신부서와 지원부서 모두의 결단력을 굳히는 데 있어 중요한 역할을 한다.

무료 일간지인 〈메트로 Metro〉는 360만 영국 통근자들이 아침에 빠짐없이 챙겨보는 신문이다. 그러나 1999년 처음 나왔을 때는 기존 신문보다 더 작고 스테이플러로 고정된 참신함에도 불구하고 고전을 면치 못했다. 런던의 〈메트로〉 프로젝트 팀은 사무실에서 나와 시장의 취향을 알아보기로 했다. 그들은 매일 새벽 5시에 신문 배달원과 합류했다. 어느 날 아침, 그들은 '지옥철' 입구에 서 있었다. 이

곳은 매일 지칠 대로 지친 수십만 통근자들을 토해내는 런던의 워털루 역 에스컬레이터이다. 그런 통근자들을 바라보던 〈메트로〉 팀원들의 머릿속에서 어떤 깨달음이 스쳤다. 그들은 통근길에 갇혀 있을 때를 빼면 평소 단 1분의 여유도 없는 잘나가는 직장인들이었다. 바로 이 순간에 그들은 광고주들의 꿈이었다!

텔레비전 세계에서는 큰 경기나 인기 연속극을 기다리는 시청자들이 어쩔 수 없이 보게 되는 광고가 꽤 큰돈에 팔린다. 이를 '황금시간대 TV'라고 하는데, 그처럼 어쩔 수 없이 광고에 노출되는 지친 통근자들을 보고 기분이 들뜬 〈메트로〉 팀은 지혜롭게도 그 말을 빌려와서 '황금시간대 신문'이라고 광고했다.

이제 그들은 이사회에 제출하기 위해 아이디어를 현실화하고 그들의 동의를 얻어야 했다. 〈메트로〉 팀이 '황금시간대 신문' 콘셉트에 부합하는 극적인 광고율 증가를 예상하고 있었으므로 그것은 중요했다. 자기들이 목격한 것에 고무된 실무자들은 이사회를 설득하여 안락한 이사실에서 벗어나 지하철 입구로 가보라고 설득했다. 그들 역시 지루한 통근자들이 어마어마한 인파를 이루며 지나가는 것을 보았다. 소비자를 직접 보고 그들에게 쉽게 읽을 런던 신문이 없다는 것을 알고 그들의 수를 직접 목격한 것은 이사진에 큰 영향을 미쳤다. 그들은 광고료 수정에 동의했다.

새로운 사업 모델이 탄생했고, 광고료와 수익이 늘어났다. 〈메트로)는 현재 세계에서 수익률이 가장 높은 무료 주간지로 온라인에서도 유명세를 떨치고 있다. 요즘 광고료는 전국 일간지 평균 광고료의 거의 두 배에 달하며 광고주들은 35세 이하 시청자들과 소통하기 위해 웃돈까지 얹어주며 〈메트로〉에 광고를 싣는다.

〈메트로〉의 성공 신화는 소비자의 욕구와 기회의 크기가 어떻게 현실화되는지 증명한다. 회의실에서 기회에 관해 이야기하는 것과 그것을 직접 보거나 '느끼는' 것 사이에는 큰 차이가 있다. 아이디어의 현실화는 지원 부서의 결의를 다지고 혁신을 성공으로 이끈다.

실물 크기의 모형은 사람의 마음을 교묘하게 속일 수 있다. 당신의 손으로 직접 모형을 집어 들고 무게를 가늠하면 그것이 정말 존재하는 것만 같다. 그린 다음 그것을 소비자에게 보여주고 그들의 반응을 살펴라. 그러면 당신의 두뇌에서 화학 반응이 일어날 수 있다. 갑자기 그 새로운 것이 없으면 못 살 것 같다. 이제 당신은 그것이 실제로 존재하게 하려고 몰입하게 된다.

제임스 에버디엑James Averdieck은 영국에서 운영되는 냉장 수플레와 브라우니 회사인 귀Gü의 창립자이다. 이들의 인기는 '초콜릿 극단주의에 대한 관심과 탐닉'을 암시한다. 에버디엑의 말을 들어보자.

"초콜릿은 재미와 탐닉의 대명사이며, 동심을 불러일으켜 믹싱볼에 손을 집어넣던 기억을 떠올리게 만들죠."

귀의 사규는 분명하다. '행복에 굴복하라.' '신중함은 고리타분한 것.' '평범함은 의미가 없다.'

2002년, 에버디엑은 처음으로 고급 냉장 초콜릿 제품을 구상하고 '벨기에 초콜릿 컴퍼니'라고 부를 생각이었다. 그런데 그 재미없는 이름이 영 마음에 들지 않아서 한 디자인 회사에 상표의 이미지를 통일해달라고 의뢰했다. 그 디자인 대행사는 작업을 시작하면서 그에게 사무실로 와달라고 요청했다. 에버디엑은 그 회사의 크리에이티브 디렉터가 스칸디나비아에서 우연히 찾아냈다는 상표를 보게 되었다. '귀'라고 불리는 그 상표는 이국적이고 대륙적인 느낌을 풍겼고 의성어 철자가 아주 멋진 데다 디자인은 에버디엑이 대상으로 삼고 있던 상류층 미식가와 완벽하게 어울렸다. 그는 엄청난 충격을 받았다. 다른 곳의 누군가가 이미 그의 아이디어를 갖고 있었던 것이다. 그보다 더 나쁜 것은 그들이 놀라운 이름과 포장을 들고 나타났다는 것이었다. 에버디엑은 상처를 받았다. 하지만 스칸디나비아에는 아무런 상표도, 아무런 경쟁자도 없었다. 그 회사가 에

버디엑에게 장난을 친 것이었고, '귀'라는 이름은 온전히 그의 것이
되었다.

나는 이것이 선의의 속임수를 보여주는 최고의 사례라고 생각한다. 물
론 그것은 큰 도박이었다. 에버디엑이 "좋아요. 그런데 우린 더 잘할 수 있
어요"라는 반응을 보인다면 그 회의는 어떻게 흘러갔을까? 시제품을 만든
다는 것은 위험을 없애는 것이 아니다. 칭찬뿐만 아니라 비난을 자초하는
것과 같다. 이 이야기의 핵심은 당신이 더는 가질 수 없다는 걸 깨달을 때
자신이 어떤 것을 얼마나 원하는지 알게 된다는 것이다.

에버디엑은 현실화를 위해 당당하지는 않지만 효과적인 속임수를 썼다.
그는 몇 주 뒤에 상류층이 드나드는 런던 킹스로드의 웨이트로즈Waitrose 식
품 매장에 몰래 들어갔다. 아무도 보지 않는 것을 확인한 그는 자신의 초
콜릿 수플레 시제품의 빈 통 네 개를 선반에 조심스럽게 올려두었다. 그러
고는 뒤로 물러나 숨 막히는 시간을 기다렸다. 몇 분 뒤, 한 손님이 다가와
서는 손을 내밀어 제품 하나를 집어 내렸다.

여자 손님은 일생같이 느껴지는 시간이 지난 뒤에 가짜 제품을 자신의
쇼핑바구니에 담았다. 그때 에버디엑은 두 가지 일을 했다. 먼저, 여자 손
님에게 사과를 하고 쇼핑바구니에서 수플레를 재빨리 꺼내고는 그곳에서
달아났다. 그리고 '귀'를 창립하기 위해 최선을 다하겠다는 결심을 했다.
에버디엑에게 필요했던 것은 행동의 정당성이었다. 다시 말해, 자신이 진

실이라고 생각한 것을 뒷받침하고, 그가 푹 빠져들어서 여행의 다음 단계로 넘어가야겠다는 확신이 들 만큼 충분한 증거가 필요했던 것이다.

현실화: 출시 전과 후

바클레이즈 리테일과 비즈니스 은행의 CEO인 안토니 젠킨스 Antony Jenkins는 2011년 여름에 바클레이즈 핑잇Baarclays Pingit 으로 알려지게 된 아이디어가 처음 떠올랐을 때 그다지 많은 확신이 필요하지 않았다. 그는 기술이 금융계를 영원히 바꿀 거라고 생각했고, 그 시기는 스마트폰에서 다른 스마트폰으로 소액의 돈을 송금한다는 자신의 아이디어와 맞아떨어졌다. 사람들은 현금을 들고 돌아다니지 않고도 스마트폰으로 몇 초 만에 베이비시터나 구멍가게에 돈을 지불하거나 멀리서 대학에 다니는 자녀에게 송금을 할 수 있게 되었다. 스마트폰은 클릭 몇 번만으로 당신의 거래 은행에게 다른 은행으로 돈을 보내라는 지시를 적절하게 내린다. 카드도, ATM도, 번거로운 문제도 전혀 없다.

"정말 좋군요. 언제 출시할 수 있죠? 10월에 있는 내 결혼기념일까진 가능합니까?"

젠킨스는 팀에게 이렇게 물었다. 그 대답은 정중한 "노No"였다.

개발 프로그램은 적어도 2년이 걸릴 터였다. 젠킨스는 순차적인 과정이 필요하다는 걸 용납하지 못했고 시제품을 마무리하는 시기를 크리스마스까지로 못 박았다. 결국 그들은 6개월짜리 개발 시간표를 만들었고 출시일은 2012년 밸런타인데이로 잡았다.

혁신의 회오리바람이 불어닥쳤다. 바클레이즈는 순차적으로 업무를 진행하는 계획에 따른 전형적인 운영방식이 아닌 다른 방식을 채택했다. 기술자·마케터·변호사·위기관리팀·디자이너 모두가 아주 큰 전략회의실에 모여서 일했다. 그들은 영국에 아이폰용 앱 개발팀을 설립했다. 그리고 이 팀은 텍사스에 있는 블랙베리와 안드로이드 용 앱 개발팀과 지속적으로 화상회의를 했다.

바클레이즈는 이미 비접촉식 지불 카드, 충전식 교통카드 기능을 포함한 신용카드, 스마트폰 지불 방식 등 여러 혁신을 성공으로 이끌고 있었다. 다시 말하면 그들의 직관은 뛰어났다. 그들은 아이디어를 연구하는 대신, 동료들을 전략회의실로 불러 모아서 그날의 업무에 관한 의견을 들었다.

바클레이즈 핑잇은 출시한 지 몇 주도 안 되어 50만 다운로드 횟수를 기록했다. 애플은 최다 판매 앱이라는 찬사를 보냈다. 페이팔PayPal이나 웡가Wonga같이 그들의 밥을 축내고 있는 벼락치기 업체에 익숙해진, 전통적으로 지루한 분야의 은행으로서는 나쁘지 않은 결과였다.

이런 '현실화'의 정신은 2월 출시 이후까지 확대되었다. 바클레이즈는 핑잇의 상황이 완벽해질 때까지 기다리기보다는 출시 이후에도 계속 실험을 반복했다. 팀은 몇 주도 지나지 않아서 바클레이즈 핑잇의 최소 연령을 18에서 16세로 내려야 할 필요성을 깨달았다. 또한 핑잇이 소규모 사업자들이 계산대 옆에 두는 QR 광고 코드의 이점을 누릴 수 있게 했다. 그보다 더 많은 새로운 프로그램들이 출시 이후에 계획되어 있다. 젠킨스는 이렇게 말했다.

"아이디어 연구에 매달려 6개월을 보낼 수도, 그냥 그것을 시장에 던져놓고 거기서부터 작업을 시작할 수도 있어요. 우리는 소비자를 위해서만 혁신하지 않았습니다. 혁신을 하는 방식을 혁신한 거죠."

바클레이즈 핑잇의 이야기 속에서 혁신의 많은 면을 찾아볼 수 있다. 신속하게 일하고, 자신의 직감에 확신을 가지며, 개발 기간에 그리고 출시 이후에도 아이디어를 실현하는 팀. '현실화'의 정신은 젠킨스가 개발 프로그램을 위해 만든 분위기가 뒷받침해준다.

"나는 일을 다르게 하는 것에 개방적일 수밖에 없었다. 또한 이것을 혼자 힘으로 할 만큼 똑똑하지 않다."

이런 겸손의 정신은 듣기와 배려가 없는 팀에 꼭 필요하다.

그 프로젝트는 과거 CIO 최고정보관리책임자 이자 CTO 최고기술책임자 였던 노련한 기술자인 COO 최고운영책임자 셰이건 케라드퍼 Shaygan Kheradpir 가 주도했다. 젠킨스는 혁신을 위해서는 다른 경험을 가진 외부인들이 필요하다는 것을 인정한다.

아이디어 실현은 천천히 이루어지면 안 된다. 젠킨스는 그 팀에 불을 지폈다. 마감일을 재촉하는 것뿐만 아니라(노골적으로 '계속해서 불만을 제기'했다) 팀원들에게 목적의식을 심어주는 방법을 택했다.

"우리의 목적은 돈보다 더 큰 것입니다. 현실에 안주하는 건 쉬워요. 하지만 320년 된 은행이 330년 된 은행이 된다는 보장은 없어요. 소니 · 블록버스터 · 노키아를 보세요. 우리의 목적은 고객을 위해 더 나은 삶을 만드는 것입니다. 이것을 해결하면 다른 것들은 자연스럽게 따라올 겁니다."

이런 겸손의 정신은
듣기와 배려가 없는 팀에 꼭 필요하다.

아이디어를 현실화할 때 꼭 필요한 것

아이디어를 현실화하는 것은 어떤 사고방식, 다시 말해서 빠르게, 불완전하게, 아주 정직하게 일하는 것이 옳다는 믿음에서 추진력을 얻는다.

그렇다면 우리는 그런 '사고방식'을 어떻게 얻을 수 있을까? 당신은 새로운 태도를 쉽게 받아들일 수 있는가? 아무런 경험도 없는 혁신 초보에게 아이디어의 실현을 믿으라고 명령해도 소용이 없다. 두뇌는 그런 식으로 작동하지 않기 때문이다.

그렇다면 옛말에 귀를 기울이는 게 더 좋을지도 모른다. "마음은 행동을 따라간다." 사람들로 하여금 행동을 하거나 '현실적'으로 움직여 이득을 얻을 수 있게 한다면 그들은 시간이 흐른 뒤에 그 '현실'을 믿을 것이다.

아이디어를 실현하려면 '만족'하려는 마음가짐을 갖고, 빠듯한 예산으로 최대한 많은 실험을 반복하고, 사람들이 모르게 일하며, 행동으로 실현할 수 있는 아이디어에 관심을 기울여야 한다.

1. 만족하는 태도

충분히 좋은 시제품, 모형, 혹은 모의실험은 의견과 행동을 고무한다. '지나치게 완벽한' 것은 의견을 구하지 않는다. 그것이 완벽하면 "당신 도움은 필요 없어. 난 아주 잘하니까!"라고 말하는 것과 같다. 나는 아이디어 실현을 담당하는 우리 팀원들에게 늘 이렇게 말해야 했다.

"아주 훌륭하고, 아주 현실적으로 보입니다. 조금 망쳐줄 순 없나요?"

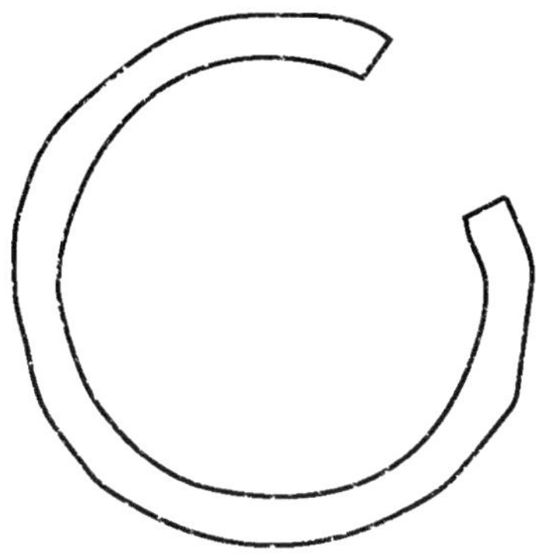

위의 불완전한 원을 보자. 이것은 대단한 광고나 좋은 농담이 효과가 있는 이유를 말해준다. 당신은 마음속으로 빨리 끝낼 수 있는 이야기를 충분히 가지고 있다. 효과적으로 100만분의 1초 만에 원을 완성하고 뿌듯한 마음에 웃는다. 다시 말해, 당신은 스스로 그것을 해낸다. 당신이 그 속에 조금은 있기 때문에 당신이 생각하는 이야기는 당신 자신의 것이다.

그것은 미완성의 모형이나 모의실험과도 같다. 그것은 방관자로 하여금 한걸음 내디뎌 완성하거나 적어도 완성하려고 노력하게 한다. 다시 한 번 당신은 지금 그것에 대한 집착 같은 걸 느낀다. 마치 어떤 것의 일부인 것 같다. 이런 이유로 시제품은 완벽해서는 안 된다. 두 사람이 어떤 문제에 대한 논의를 멈추고 그것을 실행에 옮길 때 재미있는 일이 벌어진다. 그들이 처음으로 시제품을 보게 되었다고 해보자. 한 사람은 실망할지도 모른다. 손에 들고 있는 것보다 더 세련되고 흥미로운 것을 상상하고 있었다. 또 한 사람은 다르게 느낀다. 시제품이 상상한 만큼 좋아 보인다고 생각한다. 핵심은, 우리가 새로운 아이디어를 말로 하거나 글로 쓰인 단어를 통해서 묘사한다는 것이다. 하지만 우리는 제각기 말을 다르게 해석한다. 각자 마음의 눈으로 사물을 다르게 바라본다. 혁신가에게 이것은 매우 위험할 수 있다. 당신은 처음으로 어떤 것을 보고 얼마나 많이 이렇게 말했는가?

"글쎄요, 난 이런 걸 생각하진 않았어요!"

가능한 한 빨리 완벽하게 만들어야 한다는 걱정 없이 모의실험이나 모형을 만드는 것은 이런 '마음의 눈'이 만드는 문제를 극복하게 해주는 좋은 방법이다.

많은 임원들은 혁신에 '만족하는' 태도에 관해 생각하면 크게 스트레스를 받는다. 스프레드시트보다 모형이나 모의실험에 달라붙어 있다는 생각이 더 시간낭비로 느껴지는 것일까? '실험'이 '사업적'이라기보다는 놀이에 더 가까워 보이는 것일까? 그것은 효율적이고 철저한 사람이라는 자아상과는 어울리지 않는다.

다시 말하지만, 이런 이유로 우리는 현실화를 할 때 빠르게 착수해야 한다. 당신의 동료들에게 스프레드시트를 중단하고 '현실화'를 하라고 요구하려면 용기가 필요하다. 똑똑한 사람들에게 좀 느긋해지고 "우리가 어디쯤 와 있는지 보라"고 말하는 것은 쉽지 않다. 하지만 나를 믿어보기 바란다. 가장 회의적인 회의론자도 그 과정이 얼마나 중요한지 아주 빨리 깨닫는다. 하지만 그것에 대해 이야기하는 게 아니라 그것을 믿는 경험을 해야 한다.

2. 최저 비용

실험을 한다는 것은 가설이나 예감을 구상하고, 그것을 시험하고, 그것을 시험 결과와 비교한 뒤에 반복 시험하는 것이다. 실험의 목적은 일정한 투자비용에 묶이기 전에 '파악하고 적응하는' 최대 주기를 설계하는 것이다. 따라서 매우 간단한 방정식이 성립된다.

더 많은 학습 주기 = 더 많은 학습 = 더 나은 혁신

혁신은 아주 실질적이다. 아이디어를 실현하는 비용을 줄일 수 있다면 더 자주 실험을 할 수 있을 것이고 이것은 결국 더 나은 혁신을 보장한다. 따라서 이런 간단한 방정식이 나올 수 있다.

실험 비용 삭감 = 더 나은 혁신

실험 비용이 높아 보이면 실험을 반복하는 과정에 몰두하기가 어려워진다. 이보다 훨씬 더 나쁜 상황은, 혁신에 착수했다가 단 한 번의 거창한 실험으로 끝나는 것이다. 단 한 번에 성패를 거는 셈이다.

왓이프는 매일 아이디어를 실행하기 때문에 다양한 능력을 가진 사람들을 채용하면서 인력 네트워크를 구축해야 했다. 그들은 빠르게 대본을 쓰고 배우를 찾고 새로운 서비스를 실험하는 미니 영화를 만들 수 있다. 모형을 만들고, 앱이나 새로운 형태의 '실물에 가까운' 그럴듯한 신용카드 등 무엇이든 실험할 수 있다. 또한 밤을 새워가며 작업을 하고 실험 대상을 그다지 소중하게 여기지 않기 때문에 아무렇지도 않게 파기하고 다시 시작한다. 우리는 이들을 사내에 보유하고 있다. 다시 말해, '아이디어 실행'에 들어가는 한계비용이 낮아서 언제든지 그것을 실천할 수 있다. 사내에서 '실행'하는 능력을 보유할 의향이 없다면 외부 전문가들과 인맥을 형성하면 된다. 세상 모든 곳에 아이디어 실현을 도울 사람들이 많다.

단위 시간당 가능한 한 많은 실험을 할 수 있도록
정비하고 조직해야 한다.
매주나 매달 많은 실험을 할 수 있는
작고 가벼운 팀을 구성한다면
거기서 훨씬 더 많은 발명이 가능해진다.

제프 베조스 Jeff Bezos, Amazon.com 설립자이자 CEO

3. 그냥 시작하기

‘그냥 시작하는 것’은 아이디어 현실화의 중요한 요소이다. 수많은 새로운 아이디어가 반대 속에서 탄생하기 때문이다. 정의를 내리자면, 성공적인 사업은 새로운 아이디어에 적대적인 환경에서 시작한다. “이봐, 모조리 잘못됐군!” 정도의 무례한 말이 난무한다.

그들은 ‘한 순간은 선장, 다음 순간은 해적’이란 말을 장난스럽게 여긴다. 혁신을 추진하려면 자기들이 움직여야 한다는 것을 그들 자신도 알고 있으면서 정작 움직이지 않는다. 시작을 위한 결정에 끌어들여야 할 사람이 많을수록 시작할 가능성이 줄어든다. 나도 시작에 필요한 어마어마하게 많은 ‘절차’ 때문에 완전히 마비된 회사와 일을 한 적이 여러 번 있다.

따라서 ‘그냥 시작하라’는 혁신가의 좌우명이다. 이는 체계 주변에서 사람들의 눈에 띄지 않게 조용히 하라는 것이다. 성공한 기업은 대체로 이런 해적 행위를 용인하는 방법을 찾는다.

구글에서
현실화하기

캘리포니아 마운틴뷰에 위치한 구글 본사인 구글플렉스Googleplex에 가면 일상적인 보고 공간을 수없이 많이 목격하게 된다. 구글에서는 초기 단계의 혁신이 전통적인 보고 양식으로 이루어지지 않는다. 혁신은 더 유기적인 방식으로 전개된다. 어떤 아이디어가 있는 기술자는 자신의 아이디어를 현실화하는 데 도움이 필요하다. 다시 말해, 그들에게는 며칠 동안 늦은 밤까지 근무하며 아이디어를 기본적으로 작동하는 시제품으로 만들 수 있는 똑똑한 사람이 필요하다. 그들은 마이크를 잡고 사람들을 끌어와서 자신의 아이디어 현실화 작업에 동참하게 할 수도 있다. 구글은 음식과 술이 대화를 어떻게 활성화시키는지 알고 있다. 그래서 기술자들은 '맥주와 함께하는 데모 행사Beer and Demos'에서 프로젝트를 마케팅하고 지원을 요청한다. 그들이 아무리 프로젝트를 잘 진행하더라도 핵심은 '사람들을 불러 모으는' 것이다. 그 아이디어를 좋게 생각하는 기술자들은 도움을 준다. 구글에 재직하는 기술자는 모두 20%의 '자유시간'을 갖고 있다. 기술자가 일주일 중에서 실험에 임할 수 있도록 일부 시간을 자유롭게 사용할 수 있다는 개념이다. 이처럼 아이디어는 눈에 띄지 않고 통제되지 않는 방식을 통해 동력을 얻는다. 결국 아이디어는 그대로 사장되거나 형태를 갖추어 프로젝트 게시판으로 옮겨진다. 이는 효과적인 철학처럼 보인다. 아닌 게 아니라 구글은 일주일마다 약 5건의 신제품을 출시한다. 어떤 아이디어가 있을 때, 미래가 불투명한 새싹에 대해 끝도 없이 토론하는 것보다는 그것이 잡초인지 꽃인지 알 수 있는 시점까지 계속 물을 주고 키워나가는 것이 훨씬 낫다.

스타벅스의
아이디어 실현

스타벅스의 CEO인 하워드 슐츠는 성공한 아이스커피인 프라푸치노 개발에 얽힌 재미있는 이야기를 들려준다. 이 제품은 사실 남부 캘리포니아의 한 스타벅스 매장관리자가 아이스커피를 불티나게 파는 경쟁업체에 대응하기 위해 개발한 것이었다. 스타벅스는 그 아이디어에 심혈을 기울인 끝에 〈비즈니스위크〉가 '1996년 올해의 상품'으로 선정한 제품을 만들어냈다. 이 이야기에서 아주 재미있는 부분은 매장관리자가 스타벅스에서 자신의 아이디어를 지지하지 않는다는 걸 알고 있었다는 사실이다. 본사 사람들의 귀에 그것은 '진정한 커피 애호가가 즐길 만한 것이라기보다는 패스트푸드 셰이크에 더 가깝게' 들렸다. 그래서 매장관리자는 직접 믹서기를 들고 자신만의 아이스커피를 만들기 시작했다. 슐츠는 그녀가 자신이 만든 아이스커피를 직접 보여주었을 때조차 의심을 품었지만 프로젝트를 지원하는 데 동의했다. 슐츠는 다음과 같이 말한다.

어쩌면 이 이야기에서 가장 눈에 띄는 부분은
우리가 프라푸치노에 대해 진지한 재무 분석을
전혀 실시하지 않았다는 것일지도 모른다.
우리는 1만 쪽짜리 지원 자료를 제공할 수 있는
일류 사업 컨설턴트를 채용하지 않았다. 심지어는 대기업들이
철저한 검증으로 여길 만한 것도 시행하지 않았다.
프라푸치노 앞에는 기업의 관행 같은 것이
전혀 막아서지 않았다.
그것은 완전히 실험적인 프로젝트였으며
이제 더는 작은 기업이 아닌 스타벅스 안에서 열매를 맺었다.

하워드 슐츠와 도리 존스 양.
〈커피 한 잔에 담긴 성공 신화. 한 번에 한 컵씩, 스타벅스는 어떻게 기업을 만들었나
Pour your heart into it. How Starbucks built a company one cup at a time〉 하이페리온, 1999

4. 최선의 행동!

따라서 '만족하는' 자세, 최저 비용, '그냥 시작하기'는 혁신가가 아이디어를 실현할 때 꼭 필요한 것들이다. 하지만 스케치, 모형, 혹은 시제품을 이용하여 아이디어를 발전시키지 못한다면 그 모든 것들은 아무 소용이 없다. 출시 이후의 반복 과정을 훨씬 더 원활하게 진행할 수 있도록 아이디어와 제안을 아우르는 포괄적인 대화를 해야 한다.

계획을 완전히 망칠 수 있는 곳이 바로 이 시점이란 사실은 새삼 놀랍지 않다. 지속적인 사후평가에 귀를 열고, 반복해서 협력하는 것은 흥미롭지만 사람을 녹초로 만든다. 가장 최근의 시제품에 대한 다른 사람들의 평가를 듣는 것은 어렵다. 특히 중요한 계획일 때는 더욱 그렇다. 가끔은 계획을 늦추고 비평가에게 반박을 할 수도 있다. 이런 시기에는 전체적인 실험 과정이 위험해질 수 있다. 따라서 최선의 행동을 할 필요가 있다.

이런 장면을 상상해보자. 한 제약회사의 혁신팀이 가령 천식약의 순응도환자가 의사처방에 따르는 정도를 개선하는 방법을 찾고 있다. 그들은 10대의 천식환자 십난을 만나서 지난밤에 모형을 만든 새로운 디자인의 흡입기를 보여줄 참이다. 그것은 무척 조악해 보이지만 그날 오후에는 다른 흡입기에 대한 실험을 반복할 예정이어서 10대들의 반응을 눈여겨보려고 한다.

한 사람만 빼고 팀원 전체가 들썩거린다. 그 한 사람을 '아놀드Arnold'라고 하자. 아놀드는 상당히 불쾌한 상태이다. 지난밤에 매우 열띤 대화가 오갔고 아놀드 외에는 모두가 특별한 디자인을 원했다. 그래서 오늘 그는 전날 밤 일에 대해 당혹스러워하고 있다. 그는 동료들이 자신을 좋게 본다는 확신이 들지 않아서 그들에게서 멀어지기 시작한다.

이것은 팀을 위한 좋은 방식이 아니다. 단 한 사람의 아놀드가 계획을 망칠 수 있다. 이 집단이 아놀드를 다루느라 시간을 낭비하거나 더 나쁘게는 그를 계속 달랠 가능성이 매우 높다. 내 경험으로 혁신팀은 한정된 에너지를 갖고 있다. 그들은 에너지의 일부를 정기회의, 허심탄회한 대화와 더불어 하나의 팀으로 기능하는 능력에 투자하게 된다. 하지만 팀의 '에너지 보유고' 대부분은 과제를 해결하는 데 집중되어야 한다. 한 명의 팀원이 지장을 주면 더 많은 에너지가 팀의 문제를 해결하는 쪽으로 전환된다. 이런 일이 계속되면 그 팀은 '블랙홀'이 되고 결국은 자체 파괴된다. 이것은 아주 평범하게 발생하는 문제이며 안타깝게도 많은 사람들이 블랙홀 팀에서 일하는 것에 익숙해져 있다.

혁신은 압박이 심한 게임이 될 수 있으며 혁신팀이 나쁘게 행동하는 소수에 의해 심각하게 불안해지는 것은 특별한 일도 아니다. 팀 안에서 분명한 행동 계약을 정하는 것이 하나의 해답이 될 수 있다. 팀 구성원 사이에 함께 행동하는 방법에 관해 자세하게 기술하는 간단한 합의서를 만드는 것이다. 앞에 나온 천식약 혁신팀이 작성할 수 있는 행동 합의서는 다음과 같다.

- **화를 삭이지 마라**: 내가 화가 날 때 즉시 말한다면 사람들이 나를 도와줄 것이다.
- **소비자의 눈**: 내가 새로운 시제품에 대해 항상 하는 첫마디는 소비자의 눈을 통해서 보아야 한다는 것이다.
- **가치를 찾아라**: 나는 내 의견을 말하기 전에 동료의 말 속에서 가치를

찾을 것이다.

우리의 천식팀이 이 간단한 행동 계약 중 하나에 동의했다면 무엇이 달라졌을지 생각해 보자. 아놀드가 자신의 약속을 잊어버렸다고 할지라도 팀의 나머지 구성원들은 그 사실을 말할 자격을 가지고 있다. 더욱이 그것을 성격 문제가 아니라 '합의 위반'이라고 말할 수 있다. 행동 계약은 말로 하는 것보다 어려운 문제를 더 쉽게 해결할 수 있게 해준다.

온실화

혁신가의 유용한 도구는 아이디어의 '온실화green housing'이다. 다시 말해, 아이디어의 어떤 점이 좋은지 파악하고 원한다면 그 DNA를 찾아 키움으로써 아이디어의 성장을 촉진하는 것이다.

파리크　음. 올해 여름 파티를 취소하면 돈을 많이 절약할 수 있을 텐데 말이죠.

제니　돈을 아끼겠다는 생각이 마음에 드네요. 그 아이디어에 내 생각을 보태면. 그 대신 야유회를 가고 각 팀에 음식을 준비하라고 하면 좋겠군요. 그럼 출장요리사에게 돈을 주는 것보다 훨씬 더 재미있을 걸요.

당신은 혹시 파리크의 제안에 반대하고 싶은 기분이 들었는가? 아니면 그에게 멍청한 아이디어라고 말할 것인가? 그런데 온실 안에서는 그렇게 하지 못한다. 어떤 아이디어가 있으면 그것에 집중해서 키우는 것이 규칙이기 때문이다. 이 아이디어의 DNA는 무엇일까? 어떻게 키울까? '내 생각을 보태면'이라는 말로 시작하는 문장이 그것을 보여준다. 이는 효과적인 방법이다. 다행히 파리크는 기분이 아주 좋고 약간의 아이디어가 있으니 귀를 기울인다. 제니도 기분이 좋고 ― 여전히 파티는 할 수 있으니까 ― 돈도 절약하게 되었다.

나는 앞에서 왓이프의 행동 계약에 관해 말했다. 우리는 고객들에게 최고의 혁신 파트너가 되겠다는 목표와 함께 약속을 만들었다. 우리의 행동 계약을 마음껏 가져다 써도 좋다. 큰 효과를 기대할 수 있을 것이다.

- 목표 집중impact 우리는 과정의 노예가 되지 않고 최종 목표에 집중한다.
- 과감성audacity 우리는 평범함을 싫어하며 크게 생각한다.
- 열정passion 우리는 폭발적인 추진력과 전염성이 강한 에너지를 갖고 있다.
- 사랑love 우리는 장기적으로 협력하며 힘든 시기에도 항상 올바르게 일한다.
- 모험adventure 우리는 의도적으로 길에서 벗어나 다른 사람들이 보지 않는 것을 본다.

우리 회사의 고용은 이런 행동 여부에 따른다. 다시 말해, 행동 계약에 근거하여 채용을 하고 그것들을 이용하여 결정을 내린다. 이는 매우 강력한 혁신의 도구이다.

Let's Play

아이디어를 실현하는 유일한 방법은 일단 시도하는 것이다. 이 장에서 읽은 내용이 마음에 든다면 팀을 모아서 '지금 당장 무엇을 실현할 수 있는가?'라는 질문을 해보라.

아이디어 실현에 대해 아무런 의견이 없다고 해서 걱정할 건 없다. 당신이 일일이 아이디어를 현실화하는 방법을 알 필요는 없다. 그것은 당신이 당신의 팀과 함께 파악해낼 수 있다. 따라서 자기 검열을 하지 말고 당신이 무엇을 달성하는 방법이 불투명하더라도 팀이 실현할 수 있도록 필요한 제안을 멈추지 마라. 다음은 절대 수치스러운 상황이 아니다.

"이봐요, 지금 당장 그걸 실천합시다."
"그러죠, 그런데 어떻게요?"
"모르겠어요. 하지만 그 일을 도와줄 수 있나요?"

아이디어의 실현에는 무엇을 하는 문제에 관해 끝없이 이야기하는 것보다 무엇이라도 하는 것이 더 낫다는 믿음과 용기가 필요하다는 점을 기억하자.

4

충돌의 과정
Collision Course

혁신을 위한 공간을 만들어라

30

당신에게 지금 30초밖에 없다면…

우리 주변의 물리적인 공간은 우리가 생각하고
상호작용하는 방식에 큰 영향을 미친다.

◆

일터에서 직원들이 사용하는 공간의 배치가
통찰과 아이디어의 충돌을 촉진하고 팀의 작업 속도를 높일 수 있다.

◆

화장실에 가고 싶은 욕구와 먹고 싶은 욕구는
충돌을 촉진하는 뜻밖의 효과적인 수단이다.

◆

사교적인 상호작용을 일으키는 것은 세심하게 관리된 행동이다.
즉흥성에는 많은 계획이 필요하다.

◆

혁신을 위한 공간은 잡동사니로 가득하다.
혁신은 깨끗하고 정돈된 환경에 알레르기 반응을 보인다.

◆

공간은 진지하면서도 즐거워야 하지만 결코 엄숙해서는 안 된다.

◆

혁신은 융통성 있는 flexible 공간을 요구한다.
우리의 환경에 드는 비용이 저렴해야 한다는 뜻이다.

◆

혁신을 위한 최고의 환경은 전통적인 관리 방식을 통해서 만들어지는 것이 아니라
자체적으로 구성된다.

메소드는 공산품을 제조하는 P&G 같은 대기업들과의 경쟁에서 그들만의 게임을 한다. 2001년에 에릭 라이언Eric Ryan과 애덤 로리Adam Lowry가 창립한 이 회사는 세계적으로 1억 달러가 넘는 매출을 올린다. 친환경 비누, 주방용 액체세제, 세탁용 세제 등 메소드의 친환경 세척제와 비누는 기존 제품의 따분한 디자인 언어에서 탈피했다. 가정에서는 이 회사가 제조한 날렵하고 다채로운 색상의 세제 병을 싱크대 밑에 숨겨두지 않고 장식장에 보관한다. 메소드 브랜드를 좋아하는 사람들은 지인에게 이 회사 제품을 선물로 주기도 한다.

샌프란시스코에 위치한 메소드 본사 주변을 거닐다 보면 정말 충격적인 것을 볼 수 있다. 바로 그들이 혁신을 위해 공간을 이용하는 방식이다. 먼저, 거대한 선반으로 된 벽이 보인다. 거기에는 전 세계에서 수집한 기이하고 멋진 디자인의 포장이 가득하다. 로리의 말처럼, "우리는 우리가 다르게 생각하도록 돕는 것들에 둘러싸여" 있는 것이다. 벽은 순수한 자극제 역할을 한다.

다음으로, 메소드의 마케팅 담당자가 직원들에게 사용법을 가르치는 3D 프린터 몇 대가 보인다. 메소드는 비즈니스가 마케팅과 혁신, 두 가지로만 이루어진다는 피터 드러커Peter Drucker의 격언을 진심으로 받아들인 것 같다. 이 회사는 마케팅 사무실을 본부의 중심에 두고 다른 모든 기능은 외주로 돌리고 있다. 하지만 3D 프린터를 보유한 마케팅 사무실에 담긴 의미는 무엇일까? 이것은 그들이 새로 만든 병을 밤새 3D 프린트해서 다음 날 아침에 소비자들에게 보여줄 준비를 갖추고 있다는 말과 같다. 메소드는 동종 업체 출시 제품의 70%가 실패한다는 사실을 알고 대량 실험을 생략한다. 대신 소비자들과 3D 디자인에 대한 '오디션'을 실시한다.

메소드의 공간은 신속한 시장 접근성을 위해 설계되었고, 이것은 라이언과 로리의 철학의 핵심이었다. 로리는 말한다.

"우리는 크고 느린 선수들이 지배하는 시장에서 빠른 혁신을 잘하죠. 경쟁자들이 단 한 번의 연구만을 겨우 수행할 때 우리는 제품 수정을 20~30회 반복할 수 있습니다. 우리가 12주 만에 아이디어를 제품으로 만드는 반면, 경쟁자는 최소 1년이 필요하죠."

빠르게 행동하는 능력을 갖추면 상황을 비교적 덜 위험하게 받아들인다.

"우리는 아이디어를 실험하고 싶어 하지만 대단한 활약상을 보이는 회사들은 그럴 마음이 없어요."

마지막으로, 메소드 직원들은 모든 것을 벽에 붙인다. 정말 모든 것이다. 맡은 업무부터 마케팅 계획, 결과, 문제에 이르는 모든 것을 붙인다. 그들은 이것을 '생각을 크게 말하는 것'이라고 부른다. 다시 말해, 하드드라이버나 클라우드에 숨기거나 잠금 상태에 있는 게 거의 없다는 것이다. 벽은 사람들의 눈길을 잡아끈다. 물론 너무 가까이서 늘여다볼 수는 없었지만 책상 배치 방식으로 보아 메소드에서의 회의는 벽 바로 앞에서 선 채로 진행되는 게 분명했다. 우리는 선 채로 하는 회의가 빠른 회의란 걸 잘 안다.

로리는 "우리가 대립하는 경우라도 모든 것을 개방하는 동안에는 숨겨지는 것이 전혀 없다. 우리의 가치가 우리의 반응을 인도한다"고 말한다. 이 마지막 문장은 중요하다. 생각을 솔직하게 표현하는 기업은 그로 인한 열정을 잘 다룰 수 있어야 한다.

메소드는 강력한 가치 문화를 가지고 있으며 직원은 그 덕분에 빠르게 일할 수 있다. 그들의 가치 중에서 두 가지가 뚜렷이 기억에 남는다. 먼저, '맥가이버라면 어떻게 했을까?'이다. 맥가이버는 미국 텔레비전 연속극에서 총보다는 일상에서 찾을 수 있는 물건으로 복잡한 문제를 해결하는 것으로 유명한 비밀요원이다. 따라서 여기서 전하는 메시지는 지략을 갖는 것이 중요하다는 것이다. 그리고 두 번째 가치는, '메소드를 특별하게 만들어라'이다. 이것은 '대규모 조직'같이 되는 것을 피하고 인간적인 조직으로 남아 빠르게 움직이면서 계속 변화하라는 주문이다.

메소드는 영감을 주는 선반, 실험 능력, 그리고 '생각을 크게 말하라Think Out Loud'라고 적힌 벽으로 '혁신'을 촉진하는 공간을 만드는 대단한 일을 한다. 그런 곳에서 일하면 혁신을 안 하기가 오히려 어려울 것이다.

우리는 일터에 도착할 때 신체가 상호작용하는(보거나 만지거나 냄새 맡는) 것 모두가 어떤 면에서는 매우 중요하다는 걸 직관적으로 알고 있다. 우리가 인식하건 않건 공간은 우리 모두에게 깊은 영향을 준다. 우리의 기분, 행동, 그리고 타인과 상호작용하는 능력 모두가 우리가 일하는 공간의 영향을 직접적으로 받는다.

그러나 모든 기업이 메소드처럼 공간에 대해 문화적으로 접근하는 건 아니다. 많은 대형 사무실들은 '유명 디자이너가 설계한' 시끌벅적한 응접 구역을 갖추고 있지만 막상 근무 구역으로 가보면 정적에 싸인 오픈-플랜Open-Plan(다양한 용도를 위해 칸막이를 최소한으로 줄인 평면 공간-옮긴이)이 나온다. 도시에서 멀리 떨어진 캠퍼스형 사무실은 입구에 매점과 카페를 만들었지만 직원들은 동일성의 거품 속에 갇힌다. 그리고 가택 근무를 권장하는 경향은 혁신의 가능성을 더욱 없앤다. 매일 한공간에서 잠자고, 먹고, 살고, 일하면 자극이 생성되지 않는다.

메소드의 이야기 속을 더 깊이 들여다보고 다양한 사무실에서 몇 주나 몇 달을 보내면 완벽한 '혁신 공간'에 관한 실용적인 지침 몇 가지를 뽑아낼 수 있다.

먼저, 우리는 직장에서 통찰과 아이디어가 저절로 충돌할 것이라고 기대해서는 안 된다. 이런 것들이 서로 부딪치게 하는 구조를 만들어야 한다. 둘째, 의도적으로 바깥세상을 사무실에 들여놓아야 한다. 우리에게는 도발적인 자극을 주는 잡동사니가 필요하다. 셋째, 다양한 인력을 채용하려고 열심히 노력하고 있다면 모두가 똑같은 방식으로 일하게 함으로써 그런 노력을 망치지 마라. 직원들이 협력을 하거나, 묵묵히 자기 할 일을 하는 융통성 있는 공간을 만들기 위해 계속 노력해야 한다. 이 장에서는 충돌을 일으키고 잡동사니를 만들고 융통성을 위해 싸우는 이 세 가지 주제에 대해 살펴볼 것이다.

건축과 구조물이 인간의 성격과 행동에 미치는
영향에 대해서는 의심할 여지가 없다.
우리가 건물을 만들면 그 후에는 건물이 우리를 만든다.

윈스턴 처칠Winston Churchill, 1924년 영국건축가협회 연설 중에서

충돌을 일으켜라

2000년, 픽사는 캘리포니아의 에머리빌Emeryville에 있는 낡은 델몬트 통조림 공장을 매입하여 새로운 사옥을 지었다. 픽사의 초기 투자자였던 스티브 잡스는 현장에 각각 다른 기능을 하는 세 개의 독립적인 건물을 짓는다는 초기 계획을 폐기했다. 그 대신 모든 직원을 한 곳에 모으기 위해 중앙에 거대한 아트리움이 있는 큰 건물 하나를 세우는 것으로 설계를 변경했다. 그리고 사람들이 충돌하도록 '공간'을 이용하기로 결심했다. 그는 모든 구성원이 매일 해야 하는 활동이 있다고 생각하고, 이를 사람과 아이디어의 충돌을 가능하게 하는 수단으로 활용했다.

스티브는 우편함, 회의실, 식당, 그리고 중앙에다 가장 민망하고 근사하게 화장실을 만들어—처음에 우리를 광분하게 한 사건—하루 일과가 이어지는 동안 모든 직원이 서로 마주칠 수 있게 했다. 그는 사람들이 만나서 눈을 마주칠 때 비로소 어떤 일이 일어난다는 것을 깨달았다.

브레드 버드Brad Bird, 영화 〈인크레더블〉(2008)의 감독

우리도 왓이프 런던 사무실을 꾸밀 때 픽사의 과감한 전략을 시도해보 았는데 똑같이 하기가 더 어려웠다. 화장실은 기존의 정해진 위치에 있었 고 땅주인은 변기를 건물 중앙에 놓겠다는 계획을 별로 마음에 들어 하지 않았다. 결국 우리는 건물 각 층에 있는 조리실을 불도저로 허물고 모든 직원의 접근이 가능하도록 1층 중앙에 초대형의 농가식 주방을 지었다.

　오케이, 그래서 간식을 먹으려면 좀 걸어야 하지만 부엌에 도착하면 커다란 식탁 앞에 편하게 앉아 한동안 못 본 동료와 대화를 나눌 수 있다. 유용한 정보는 늘 이런 갑작스러운 만남에서 튀어나오기 마련이다. 그곳에서 누가 어떤 프로젝트를 진행하고 있고 그들이 어떤 최신 도구나 기술을 사용하고 있는지 알게 된다. 그 모든 것들을 더욱 유용하게 만드는 것이 바로 그런 만남의 무차별성이다. 이야기를 나누게 될 것이라고는 전혀 생각하지 못한 사람들과 부딪치면 일상에서 만나는 직장 동료들에게 그냥 도움을 청하는 것보다 예상하지 못한 정보를 더 많이 얻을 수 있다. 그리고 손에 커피 잔을 들고 얼굴을 마주보며 앉아 있으면 이메일에서 얻기를 바라는 것보다 대화가 훨씬 더 활기를 띠고 도움이 되는 방향으로 흐른다.

충돌은 말 그대로 신체적으로 서로 부딪치는 것일 수도 있지만 감정적인 것일 수도 있다. 함께 먹는 것은 이런 감정적인 충돌을 일으키는 데 아주 효과적인 방법이다. 직장에서 제공하는 다음의 두 가지 음식을 보자. 당신은 어느 쪽이 대화를 바꾸고, 사람들로 하여금 경계를 풀어 진심을 말하도록 하는 힘을 가지고 있다고 생각하는가?

왓이프의 케이터링팀은 '푸드 이즈 러브 Food is Love'라는 이름으로 불린다. 항상 시간에 쫓기는 임원조차 큰 통에 담긴 가정식 요리를 국자로 떠서 앞에 두고 느긋하게 쉬며 서로 솔직한 생각을 나눌 수 있다는 것은 정말 놀라운 일이다. 가정식 요리는 사랑 없는 샌드위치보다 더 깊은 대화를 유발하며, 이런 음식을 앞에 두고 앉아 휴식을 취하는 것에는 중요한 뭔가가 있다.

충돌을 유발하는 또 다른 방법은 가능한 한 단순하게 일터에 음식과 음료를 비치하는 것이다. 이런 장면을 상상해보자. 상하이사무소에서 홈팀Home Team을 운영하는 유핑이 케이크를 굽겠다고 발표한다. 전체 팀은 잠시 하는 일을 멈추고 행복한 소리에 귀를 기울이며 집에서나 맛볼 수 있는 진미를 기대한다. 유핑이 케이크를 들고 오자 모두가 하는 일을 내려놓고 일어나 잠시 사람들과 어울린다. 이 시간만큼은 현재의 업무를 잊고 사람들과 만나 즐길 수 있는 기회이다.

이런 부수적인 대화에서 수많은 좋은 아이디어가 만들어진다. 의제나 핵심을 벗어나는 아이디어와 의견이 이리저리 충돌하게 할 아주 좋은 기회이다. 직접 만든 케이크와 차 한 잔을 앞에 두고서도 마음의 짐을 내려놓지 못한다면, 언제 그럴 수 있을까? 많은 사무실에 설치된 음식이나 음료가 나오는 우울한 자판기와 이 장면을 비교해보라. 비용을 줄여 영혼 없는 기계를 설치하는 것보다는 지속적인 소규모 사교 모임에 투자하는 게 더 낫지 않겠는가.

> 직접 만든 케이크와 차 한 잔을 앞에 두고서도
> 마음의 짐을 내려놓지 못한다면, 언제 그럴 수 있을까?

사람들을 공용 책상으로 불러 모으거나 사무실에서 앉고 싶은 자리에 편하게 앉도록 하면 충돌을 일으킬 수 있다. 이 방법은 특히 혁신에 유용하다. 직원들이 여러 장소에서 업무를 진행할 수 있도록 도와주고 중심에서 프로젝트를 추가적으로 지원할 수 있다면 매일 직장 안에서 근무 장소를 바꾸어주는 것이 혁신가에게는 최고의 조리법이다. 내 경험으로 직장에서 공용 책상을 100% 이용한다는 것은 불가능하다. 다른 사람과 옆자리에 부대끼며 앉는 것을 아무렇지도 않게 생각하는 사람도 있다. 하지만 이동하는 것을 좋아하는 사람조차 공용 책상만큼은 거부할 때도 있다. 나는 이것이 '둥지'에 대한 자연스러운 욕구에서 기인한다고 생각한다. 이제는 파일, 미결서류함, 혹은 업무에 사용되는 '물건들'이 많이 사라졌고, 혁신을 일으키는 만남의 이익이 나만의 공간이 주는 안락함보다 크기 때문에 기존의 관념을 바꿀 때가 되었다.

왓이프 건물의 한 층이다. 매일 직원들이 새 공간을 찾아 앉아서 새로운 동료를 만나 서로를 알게 된다. 이 책상은 충돌 효과를 일으키는 장소이다.

밸브Valve는 3백 명의 인력을 보유한 소프트웨어 기업으로, '하프 라이프', '카운터 스트라이크', '포털' 등 인기 게임을 개발했다. 이 회사는 공동책상의 개념을 있는 그대로 받아들인다. 회사 책상에 바퀴가 달려 있어서 작업대 전체를 프로젝트 팀과 같은 위치에 옮겨놓을 수 있다. 이 회사의 편람에는 '책상 바퀴를, 자신의 가치를 더욱 빛내기 위해 어디로 이동할 것인지 항상 생각해야 한다는 것을 되새기는 상징으로 여겨라'라는 내용이 있다.

사람들을 충돌하게 한다는 것은 그들을 '뒤섞는' 것과 같은 말이다. 이것은 아주 좋은 말로 '일반적으로 정체성에 대한 근본적인 손실 없이 다른 것을 가져오거나 섞거나 덧붙이는 것'(메리엄-웹스터 사전)을 뜻한다. 이것은 혁신의 핵심이다. 사람은 사교적일수록 개인의 성격을 드러내고 그럴수록 신뢰의 관계가 더 돈독해진다. 또한 더 신뢰할수록 마음을 더 연다. 이런 관계가 혁신의 원시 수프primordial soup, 지구상에 생명을 탄생시킨 유기물의 혼합 용액이다.

따라서 직장에 있는 변기를 모조리 떼어내거나 거대한 농가 주방을 만들 수 없다면 사람들을 뒤섞을 다른 비-신체적인 방법도 있다. 그것은 사람들을 매우 효과적으로, 그리고 심오하게 연결해준다. 그것은 정말 즐겁고 자유롭다.

영국에 본사를 둔 유명한 스무디 제조업체이자 지금은 코카콜라 컴퍼니의 일부이기도 한 이노센트Innocent는 많은 사내 동아리가 '어우러짐'을 신뢰한다. 이 회사에는 '케이크 클럽', '가드닝정원 가꾸기 클럽', '사이클링 클럽', '케이크 데코레이션 클럽케이크 클럽에서 분리되어 나온 동아리', '치즈 클럽' 외에도 수많은 동아리가 있다. 그런데 회사에서 직원들이 업무와 무관한 활동을 하며 시간을 보내는 것을 장려하는 이유는 무엇일까?

이노센트의 한 팀원이 케이크 장식 만들기같이 열정을 가질 어떤 것을 두고 사람들이 모이면 자기들이 동료와 함께 있다는 사실을 잊게 된다고 설명했을 때, 나는 그 해답을 알았다. 서로 이야기를 주고받고 어울림을 즐기는 동안 좋아하는 것에 푹 빠지게 된다. 케이크 클럽에서는 다양한 부서의 직원들이 상호 신뢰를 다지고 있다. 따라서 혁신을 모색하고 있고 도움이 절실한 사람은 누구에게 전화를 걸어야 할지 잘 안다. 케이크 장식 기술을 연습하며 전날 저녁을 함께 보낸 사람에게 싫다고 거절하기는 어렵다.

마음을 열고 자기 자신을 조금 더 보여주기. 이것이 관계를 형성한다. 직장 동료 사이의 이런 과정을 가속화하는 굉장한 방법이 있는데, 이를 페차쿠차PechaKucha, 일본어로 '잡담'이란 뜻라고 한다.

페차쿠차의 개념은 아스트리드 클라인과 마크 다이댐Klein Dytham Architecture

이 2003년에 도쿄에서 젊은 디자이너들의 작품을 전시하는 행사를 위해 개발한 것이다. 페차쿠차는 같은 업무를 하는 동료들이 신뢰 관계를 구축하는 능력을 배양하는 참신하고 효과적인 방법이다. 페차쿠차를 적용하는 사람들은 여러 나라에 많이 있으며, 왓이프에서도 매달 하루를 정해서 저녁 시간에 페차쿠차 모임을 운영한다. 규칙은 간단하다. 업무가 끝난 뒤에 동료 집단이 한 곳에 모이면 된다. 직원들은 손에 맥주를 들고 동료의 프레젠테이션에 귀를 기울인다. 하지만 이 프레젠테이션은 좀 색다르다. 열정을 갖고 있는 분야라면 어쩐 주제라도 상관이 없으며 20장의 슬라이드를 준비해서 한 장에 대한 설명이 20초를 넘어서는 안 된다. 20장에 20초를 곱하면 프레젠테이션에 걸리는 시간이 단 7분 이하에 불과한 셈이다. 긴장을 하거나 심지어는 준비할 시간도 없다. 다시 말해, 평소보다 더 많은 사람들이 프레젠테이션을 하게 되는 것이다. 왓이프에서는 한 번의 모임에서 네댓 명의 동료가 진행하는 프레젠테이션을 들을 수 있으며 전체 소요 시간도 1시간이 넘지 않는다.

　내가 왓이프에서 지난번에 참석한 페차쿠차에서는 낡아빠진 구식 폭스바겐을 타고 러시아 전역을 돌아다닌 로시의 여행 이야기를 들었다. 매튜가 새로 연 꽃집 이야기도 들었다. 샘이 베이스 점핑_{낙하산을 타고 고층건물에서 내려오는 스포츠}에 푹 빠져 있다는 사실도 알았다. 사생활을 드러내는 흥미롭고 굉장한 이 이야기들은 20×20초 안에 모두 끝났다. 나는 그 사원들의 개인 생활에 대해 전혀 모르고 있다가 아주 짧은 시간에 무엇이 그들을 움직이게 하는지 깨달았다. 아마도 시간이 지나면 알 수도 있었겠지만 그 모임은 우리의 관계를 더욱 돈독하게 해주었다. 결국 그 후로 우리는 서로에게 더 솔직해졌고 일도 더 빨리 처리할 수 있었다.

어수선한 분위기를 만들어라

앞서 언급한 대로 메소드는 '생각을 크게 말하는' 것에 관해 이야기한다. 그들은 사무실 벽에 특이한 포장, 프로젝트 진행 상황, 최신 실적 지표 등을 빼곡히 붙여놓는다. 생각, 개념, 고객 의견이 적힌 변화무쌍한 공간은 아주 자극적이다. 이런 유형의 공간은 깔끔하거나 정돈되어 있지 않다. 이곳에서는 어수선한 분위기가 좋은 것으로 통한다.

우리가 왓이프에 지은 새 부엌을 기억해보자. 우리는 그 부엌으로 가려면 '리얼니스 Realness 팀' 중 한 곳을 통과하도록 했다. 이 팀은 최신 시제품을 전시할 선반을 만들었다. 사무실에 한 시간 이상 머물다 보면 누구나 완전히 새로운 물건들을 집어 들고 살펴보게 된다.

"이봐요, 여기 최신 시제품을 한번 살펴봐요" 혹은 "이 새 콘셉트 좀 보세요, 당신 생각은 어때요?"라고 외치는 공간은 엄숙하거나 진지한 장소가 아니다. 이런 사무실은 '여기서는 너무 진지할 필요가 없다'는 메시지를 전할 필요가 있다. 소비자가 누구인지, 혹은 어떤 혁신이 진행되고 있는지 말해주지 않는 깔끔하고 깨끗한 사무실은 혁신을 만들어내지 못한다.

의도적으로 사무실에 '재미있는 물건'을 배치하면 분위기가 달라진다. 그것은 재미있고 우스운 방법으로 서로 교류해도 좋다는 허락과 같다.

위 사진은 이노센트 사무실에 있는 '의사 결정 바퀴'이다. 어떤 결정을
내릴지 확신이 서지 않을 때 이 바퀴를 돌리면 적절한 선택에 도움이 된다.

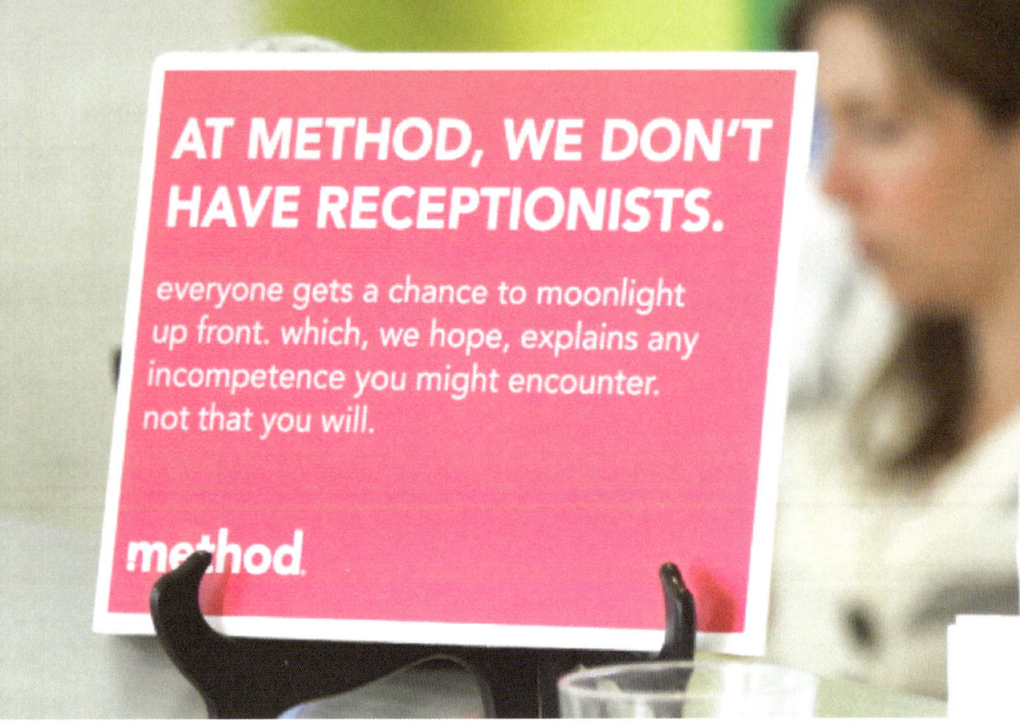

사진 속 내용:
메소드에는 안내원이 없습니다.
모든 직원이 안내원 역할을 부업으로 하고 있습니다.
그래서 여러분이 불편을 느끼게 될 수도 있습니다.
하지만 불편하게 느끼지 않으실 거예요.

샌프란시스코의 메소드 본사에 있는 안내 책상에는 위와 같은 안내판이 놓여 있다. 나는 이것이 자신감을 주고 재미를 더하며 메소드에 관한 많은 것을 설명한다고 생각한다.

사무실에 가벼운 즐거움의 상징이 필요하다.
진지하게 일할때 그것을 기억하면 심각해지지 않는다.

과일 분쇄기를 겸하는 실내 운동용 자전거, 구글 런던 사무소

왓이프 런던과 뉴욕 사무소에는 소가 한 마리 있다. 이노센트의 의사 결정 바퀴, 구글의 자전거 분쇄기, 메소드의 안내판과 비슷하게 별다른 목적은 없다. 진지하게 일하는 동안 너무 심각해지지 말라는 의미가 담겨 있다.

따라서 공간은 대화를 자극하고 분위기를 밝게 해주는 것과 마찬가지로 소비자의 마음속에 우리를 각인하고 매일 매 순간 누가 우리에게 월급을 주는지 기억하게 한다.

영국에서 여러 채널을 보유하고 있는 주요 텔레비전 방송국인 UKTV는 인기 있는 텔레비전 채널인 데이브의 시청자들을 의식하기 위한 각성제로 (핵심 구호가 '재치 넘치는 농담의 고향'인 것처럼) 회사 공간을 이용한다. 이 방에서 열리는 회의에 참석하면 누가 방송을 시청하고 있으며 그들의 관심사는 무엇인지 끊임없이 되새길 수 있다.

소비자가 누구이며 무엇이 그들을 움직이게 하는지 의견을 교류하기 위해 사용하는 공간은 회의실에 국한되지 않는다. 여기 유럽의 주요 소매 체인의 임원 회의실은 소비자들의 생활양식 — 이 경우에는 10대 소녀 소비자들 — 을 반영하기 위해 다시금 단장되었다.

임원 회의실의 탁자

텔레비전 방송국의
현실화

한 주요 방송국은 우리에게 더 좋은 어린이 텔레비전 프로그램을 만드는 일을 도와달라고 했다. 우리는 파워포인트로 우리 생각을 보여주는 대신 그 방송국 본사의 단조로운 회의실을 치우고 아이들의 교실로 만들었다. 하지만 우리는 거기서 멈추지 않았다. 여배우를 고용해서 교사 역할을 맡기고 8살짜리 아이 여섯 명에게 학생 역할을 하도록 했다. 그들은 우리가 만든 대본에 따라 연기를 했는데, 그것은 어린이 프로그램이 그 학생들에게 준 영향에 초점을 둔, '교실'에서 이루어지는 대화였다.

우리는 바쁜 경영진을 '교실' 뒤편의 작은 의자에 앉도록 했다. 경영진은 처음에는 회의적이었다. '아이들 의자에 앉아서 연극을 보라는 겁니까!' 하지만 그들은 곧 우리가 만든 공연의 가치를 파악했으며 자기들이 고민하는 프로그램 문제를 현실로 만든 것은 굉장한 생각이었다. 실제로 그들은 공연을 다시 해달라고 요청할 정도로 완전히 몰입했고 심지어는 연극이라는 사실도 잊고 학생 몇 명에게 질문을 하기도 했다. 회의 공간을 그런 식으로 이용한 것이 결국은 프로젝트에 중대한 영향을 미쳤다.

Before

After

융통성을 위한 노력

　나는 근무 공간을 세심하게 여기는 경영진과 많은 시간을 함께 보내면
서, 세계에서 가장 놀라운 사무실과 몇몇 최악의 사무실을 둘러보는 행운
을 누렸다. 나는 어떻게 일하고 싶은지에 관해 더 나은 의견을 얻기 위해
사람들에게 이상적인 근무 환경을 그림으로 그려달라고 요청한다. 독자
여러분도 내가 말한 사무실에 관해서는 잊어버리고 그냥 머릿속에 떠오르
는 것을 그려보기 바란다.

　위 그림은 사람들이 이상적인 근무 환경을 묘사할 때 그리는 전형적인
그림이다. 다양한 업무를 위해 하루 중 다양한 시간에 다양한 장소가 필요

하다는 것을 보여준다. 편안하지만 방해받지 않는 업무가 이루어지는 인터넷 카페 형의 공간들이 있다. 직원들이 밖으로 나갈 수 있는 야외 공간도 있다. 두 사람 사이에 무엇을 올려놓을 수 있는 커피숍 형태의 친밀한 공간도 눈에 띈다. 그런 공간 사이에는 많은 이동이 있다. 따라서 우리의 공간은 혁신을 위해 융통성이 필요하다.

혁신가들은 낮은 정도의 융통성이라도 얻으려고 애쓰는 경우가 아주 많다. 대부분의 사무실 공간은 다양한 목적에 맞게 일하는 전문 시설 시공자들에 의해 설계되고 관리된다. 혁신가는 융통성 있는 공간을 원하고, 복잡한 공간을 원하며, 외부인을 사무실로 데려오고 싶어 한다. 그들은 뜻밖의 시간에 일을 하고 싶을지도 모르며, 앞으로 몇 달 동안 근무 공간의 용도가 어떻게 달라질 것인지 예측하지 못한다. 건물 관리인에게 이것은 나쁜 소식이다. 그들은 한정된 예산과 혁신가 외의 다른 이해관계자들도 감안해야 하며 건강과 안전규칙을 내세우고 있다. 공간을 바꾸고 싶어 하는 혁신가와 공간을 유지하고 싶어 하는 건물 관리인 사이의 전투는 흔한 갈등의 원인이다.

좋은 소식이 있다면, 융통성 있는 공간이라고 해서 반드시 엄청난 비용이 들지는 않는다는 것이다. 비품과 바닥 시공에 돈을 많이 쓸수록 공간을 바꾸기가 더 어려워진다. 복잡하고 불편하고 '폐기 직전의' 사무실이 위대한 혁신에 기여한 이야기는 아주 많다. 화이자의 역사에서 혁신이 이루어진 대부분의 시기는 영국 켄트의 샌드위치에 있는 무너질 듯한 건물들과 맞물린다. 이런 것들은 유연한 만남의 공간, 집중할 수 있는 근무 공간을 창출할 수 있는 저렴하고 재미있는 방법이다.

혁신가는
융통성 있는 공간을 갈망한다

가끔 그들은 집중해야 한다.

가끔 그들에겐 벽에 자신의 생각을 모두 붙여놓을 장소, 세상 사람들과 단절될 수 있는 장소가 필요하다.

가끔 그들에겐 동료들과 모여 새로운 아이디어를 자유롭게 이야기할 수 있는 편안한 공간이 필요하다.

가끔 그들에겐 서로에게 비밀을 털어놓을 수 있는 친밀하고 사적인 공간이 필요하다.

융통성을 위한 노력 1
집중을 위한 공간

사무실 칸막이를 처음 설계한 로버트 프롭스트 Robert Propst 는 최근 자신이 부지불식간에 '획일화된 광기 monolithic insanity '에 기여한 것에 비통해하며 사과했다. 하지만 아직은 그런 〈딜버트 Dilbert 〉(직장 생활의 애환을 담은 만화-옮긴이)의 칸막이를 태워버리지는 마라. 그것은 집중에 매우 효과적이니까.

왓이프 직원들은 혼자만 있을 수 있는 폐쇄 공간을 좋아하는데,
이는 업무 완성도를 높이는 데 이상적인 공간이다.

이런 공간은 엿보는 눈과 지나칠 정도로 열성적인 사무실 청소부로부터 안전하게 지켜져야 한다.

융통성을 위한 노력 2
사건 상황실

당신이 단서를 벽에다 붙이고 그것들을 연결하기 위해 팀을 한 곳에 모을 수 있는 영구적인 기지. 회의실 하나를 마련하여 당신의 것으로 만들어라. 이곳은 프로젝트에서 부수적으로 발생하는 모든 것을 보관하는 장소이다. 또한 손님들을 초대해서 사례 수집에 도움을 받을 수 있는 장소이기도 하다.

217

융통성을 위한 노력 3
창조적인 공간

혁신팀은 함께 많은 시간을 보내야 한
다. 자연광을 접할 수 있는 큰 방과 아이
디어를 실현할 수 있는 능력의 조합은 이
상적이다. 이런 공간은 일시적으로 마련
되어도 좋다.

창조적인 공간은 어둡거나 불편하면 효과가 없다. 밝고 안락한 환경은 신발을 벗어던지고
웃으며 의자에 느긋하게 앉아 작은 꿈도 꾸고 싶게 한다. 그런 일이 일어날 수 있는 환경을 갖기 위해 최선을 다해야 한다.

융통성을 위한 노력 4
아늑하고 조용한 구석 공간

혁신은 친밀한 대화가 필요하다. 이곳은 구글 런던 사무소에 있는 구석 공간이다. 이곳은 두세 사람이 사적인 대화를 나눌 수 있도록 마련된 비밀스러운 장소이다. 큰 공간의 일부이지 따로 떨어진 밀실은 아니다. 이 둘을 헷갈려 해서는 안 된다.

구석 공간은 동굴을 떠올리면 된다. 사방이 완전히 차단되어 있다는 느낌을 받으면서
'바깥세상'에 대한 좋은 아이디어를 생각해낼 수 있는 곳이다.

혁신을 위해 가장 융통성 있는 공간을 얻는 좋은 방법은 경영진 대신 직원들이 직접 그것을 재구성하는 것이다. 자기 공간을 설계하는 직원들은 일반적으로 사교적이고 '개인적인' 공간의 조합을 만든다. 이런 공간은 전문적인 사무실보다 돈이 덜 들고 결과적으로 더 집중할 수 있는 기분을 느끼게 해준다.

나만의 공간을
만들어라

자포스 Zappos, 스페인어로 '신발'을 뜻하는 'Zapatos'에서 유래는 세계 최대의 온라인 신발 소매점이다. 이 회사는 1999년에 창립되어 네바다에 본사를 두고 연간 20억 달러의 수익을 올리고 있으며 아마존에 인수되었다.

자포스는 CEO 토니 셰이 Tony Hsieh의 리더십에 힘입어 서비스 기업 중 세계적인 모델이 되었다. 자포스는 '그들은 어떻게 하는지' 이해할 수 있도록 실제 상황을 근거로 임원 연수 프로그램을 운영한다. 나는 자포스가 전파한 서비스 모델이 사우스웨스트 에어라인, 존 루이스 파트너십, HSBC의 퍼스트 다이렉트, 이케아에서 효과적으로 작동하고 있는 것을 목격했다.

1. 중요한 것을 명확히 규정하라

자포스에서 중요시하는 것은 훌륭한 서비스이다. 고객과의 통화
에 있어 정해진 시간이 없다. 지금까지의 기록은 8시간이다.

2. 의사소통에 능력이 있는 리더를 영입하라

자포스의 경영진은 본사 중앙에 위치한 '원숭이 자리Monkey Row'라는 오픈플랜식 책상에 앉아 있다.

3. 적절한 직원을 배치하라

신입사원들은 신입사원 연수 기간에 즉시 퇴사하는 조건으로 4천 달러를 제안받는데, 그중 97%가 거절한다.

4. 즐겁고 참여하는 문화를 촉진하라

'자포니언Zapponians'은 늘 즐거운 괴짜'가 되어보라는 권유를 받는다.

5. 행복한 직원은 행복한 고객을 만들고 행복한 고객은 행복을 다른 고객에게 전파한다

이는 모든 서비스 조직에 적용할 수 있는 성공 공식이다. 자포스는 특히 그것을 잘 실행했고 물리적 환경은 그들의 성공에 큰 역할을 했다. 업무의 핵심은 고객과 긍정적이고 효율적으로 상호작용할 수 있는 능력이다. 다시 말해, 그들은 동료들과도 그렇게 행동하며, 근무공간은 우호적이고 즐겁고 삶에 대한 열정으로 가득한 느낌을 갖고 있어야 한다. 자포니언은 개인 공간과 회의실을 장식할 수 있는 비용을 지원받는다. '놀이'와 '약간의 괴짜 기질'을 중요하게 여기는 회사의 가치관은 창의력을 적극 장려한다.

　　결국, 회사의 비즈니스 모델을 보여주는 물리적인 공간은 모든 사람을 한마음으로 모은다. 그래서 모두가 자포스의 이야기를 하고 싶어 한다. 대부분의 기업은 전 직원이 큰 그림 속에서 일하고 작고 세부적인 것에 책임을 질 수 있기를 진정으로 원한다.

자기 책상에 앉은 자포스의 최고경영자 토니 셰이

영국의 엑스터대학교는 직원들이 일터의 설계에 관한 발언권을 갖고 있는가와 생산성의 관계를 연구했다. 한 실험에서는 직원들이 다양한 근무 환경을 오가며 업무를 하라는 요구를 받았다. 자기 공간을 설계하고 장식할 수 있는 직원은 별다른 특색이 없는 공간에서 일하는 직원에 비해 32%나 높은 생산성을 보였다.

이 연구를 주도한 크레이그 나이트Craig Knight 박사(2010, 엑스터대학교)는 이렇게 조언하고 있다.

"자기 공간에서 불편함을 느낄 때 사람들은 공간뿐만 아니라 거기서 하는 일에 덜 집중하게 된다. 그들은 조금이라도 통제력을 가질 수 있다면 직장에서 더 행복하고 직원들과 더 동질감을 느끼며 일을 할 때도 더 효율적이라고 말한다."

자기 공간을 설계하고 장식할 수 있는 직원은
별다른 특색이 없는 공간에서 일하는 직원에 비해
32%나 높은 생산성을 보였다.

Let's Play

혁신을 위한 공간을 창조하는 것이 단발성 행위여서는 안 된다. 메소드의 예를 다시 생각해보자. 공동 CEO들은 자신의 공간을 무척 중요하게 여겼으며, 그들의 가치관은 그런 공간의 효율성을 증폭시켰다. 메소드의 경우, 공간 전략은 조직의 핵심이다. 따라서 공간 개선이 무용지물이 되거나 수박 겉핥기에 그치지 않도록 앞으로 연간 계획을 짤 때는 공간 전략과 그것이 기업 성장에 어떤 영향을 미칠지에 관한 부분을 고려하기 바란다.

내가 제시한 방법에 따라 공간을 개선할 계획이라면 가장 첫 번째 걸림돌은 건물이나 시설 관리자이다. 그들은 힘든 업무를 맡고 있다. 한편으로는 건물을 안전하게 만들고 비용을 억제하고, 다른 한편으로는 "이곳을 더 엉망으로 만들어요. 한 달 동안 벽에다 우리의 생각을 남겨요. 우리의 시제품을 전시합시다"라고 말하는, 나같이 귀찮게 구는 사람들을 만족시켜야 한다. 그들의 지지를 받는 것이 중요하다.

마지막으로, 사무실이나 부서의 일부를 할애하여 '아이디어를 현실로 만드는 분위기'로 변화를 주는 것이 더 쉬울지도 모른다. 동료들에게 적극적인 역할을 해달리고 부탁해보라. 이때는 케이크를 잊으면 절대 안 된다.

5

조직과의 전투
Battling the Corporate Machine

반대론자들과 조직의 불가피한 장애물을 극복하는 방법

30

당신에게 지금 30초밖에 없다면…

조직 안에서 어떤 아이디어를 밀어붙인다는 것은
처음 아이디어를 떠올리는 것보다 훨씬 더 어렵다. 때로는 전투가 시장이 아니라
당신의 비즈니스 안에서 벌어지는 기분이 들기도 한다.

◆

혁신 과제가 어떤 틀로 짜이느냐가 나중의 성공을 좌우한다.
얼마나 많은 혁신과 어떤 종류의 혁신이 언제까지 필요한지 파악해야 한다.

◆

마찬가지로, 처음부터 혁신 과제의 범위를 정해야 한다.
범위의 안과 밖에 두어야 할 것을 더 많이 정의할수록
사람들은 혁신을 제한하는 가정을 덜 만들 것이다.

◆

자기 제품을 맹목적으로 사랑하는 리더의 관료주의를 깬다.

◆

마음이 딴 곳에 가 있다면 혁신은 불가능하다. 집중되고 흥미진진한 경주가
이루어질 수 있는 필수적인 '공간'을 만들어라.

◆

대기업에는 혁신의 인전지데기 필요히다.

◆

직장에서 소문은 혁신을 촉진하거나 파괴하는 힘임에도 불구하고 과소평가된다.
잘 들어주는 사람이라는 평판은 좋은 아이디어와 사람들을 끌어당길 수 있다.

◆

일반적인 회계 기준은 혁신에 아무 도움도 되지 않는다. 대신 혁신가와
그 혁신 관련 팀 사이의 풍부한 대화를 촉진하는 혁신 방안이 필요하다.

◆

마지막으로, 조직에는 항상 반대자들이 있다. 혁신가는 그런 비관론자들로 인해
절망하는 일 없이 그들을 극복하는 도전을 즐겨야 한다.

"화상 회의 장비를 설치하고 싶다면 인가된 공급업체에 알려둘게요. 그런 다음 두 달 뒤에 다시 알려드리죠. 그리고 벽에 어떤 것을 부착하고 싶으면 건물표준위원회에 보고해야 합니다."

한 세계적인 소매점의 최고혁신책임자인 피에르Pierre는 자기가 듣고 있는 말을 믿을 수가 없었다. 그가 원하는 건 단지 프로젝트 한 건을 진행하기 위한 혁신 본부를 구성하는 게 전부였다. 게다가 지난 한 주 동안에는 몇몇 부서장이 전화를 걸어 자기 부하직원을 혁신 프로젝트에 차출하지 말라는 경고까지 했다. 피에르는 수동적이면서도 공격적인 문화를 다루는 것은 문제없었지만, 자신이 본격적인 전쟁에 뛰어들었다는 느낌을 지울 수가 없었다.

"이것만 좀 부탁……."

카렌Karen은 말을 끝까지 듣지 않았다. '이것만 좀 부탁'으로도 충분했다. 그것은 그녀의 혁신 프로젝트에 관해 더 많은 것을 알고 싶어 하는 고위 임원들을 위해서 보고자료를 계속 만들며 분주하게 하루를 보낼 수도 있다는 말로 들렸다. 카렌이 보기에 그것은 전체 비즈니스가 시간을 허비하는 것 같았다. 누구든 '중단'을 외치고, 말만 하는 대신 혁신을 앞당기는 데 다시금 초점을 맞춰야 했다.

✳ ✳ ✳

윤Yoon은 혁신 업무를 맡고서 무척 기뻤다. 첫날 업무를 시작하자마자 행운의 사나이가 된 듯한 기분이 들었다. 프로젝트 관리자들과 처음 만났을 때는 흥분 수치가 한층 더 높아졌다. 그는 그들을 사무실에서 데리고 나가 자유롭게 생각할 수 있는 곳으로 갈 예정이었다. 그는 그들에게 말했다.

"우리에게 주어진 건 텅 빈 캔버스입니다. 지금부터는 모든 게 우리에게 달려 있어요. 우리는 한 달 후에 만날 겁니다. 결과가 어떨지 누가 알겠습니까? 여러분과 함께 일하게 되어 기대가 큽니다."

윤의 열렬한 연설은 기대 이상의 호응을 얻었다. 그는 다음으로 재정담당이사를 만났는데, 그의 기습적인 첫 마디에 마음의 문이 거의 닫히고 말았다.

"자네가 프로젝트를 시작하기 전에, 자네 프로젝트에 대한 5개년 재무계획을 제출하게. 자네 프로젝트가 우리 회사의 수익에 미치는 영향을 검토해 보아야 할 것 아닌가."

피에르, 카렌, 윤. 이름은 다를지 몰라도 이야기는 다르지 않다. 때로는 혁신 전쟁이 시장이 아니라 조직 안에서 벌어지고 있는 것 같은 생각이 든다. 심지어 한 회사의 경영자가 혁신을 최우선순위에 두는 경우에도 기업이라는 조직은 혁신이라는 목표를 향해서가 아니라 그 반대 방향으로 작동하는 것처럼 보인다. 처음에는 이런 분위기가 분명히 드러나지 않을지도 모르지만 최악의 상황만을 보는 반대자들은 시간이 갈수록 자기 본성을 드러낸다. 어떤 기업은 혁신에 대해 노골적으로 적대감을 드러내고, 혁신팀에 몸담는 것은 경력에 대한 위협으로 여겨진다. 나는 이런 싸움을 많이 목격했다. 당신이 어떤 업계에 몸담고 있더라도 상황은 크게 달라지지 않는다. 가끔 걸쭉한 시럽 속을 헤엄치는 기분도 든다. 내 미국인 친구는 시럽을 물엿으로 해석하고 그 말을 재미있게 받아들였다. 도움이 된다면 물엿 속을 헤엄치고 있다는 상상을 해보라. 혁신이 어떻게 느껴지는지 묘사하기 위한 또 다른 그림은 '뱀과 사다리'라는 보드게임이다. 많은 혁신가들은 자신의 여행을 왼쪽 맨 아래에서 0으로 출발하여 오른쪽 맨 위의 100에 도착하는 것으로 생각한다. 때로 사다리를 타고 전진하는 경우도 있지만 대부분은 갑자기 뱀이 나타나 당신을 삼켜 처음으로 되돌려 보낸다.

이처럼 흥미로운 혁신 여행의 초기에 우리는 직원들과 여러 팀들이 독특한 방식으로 어울려 일하는 것을 본다. 아이디어가 더 많이 만들어지면 더 많은 사람들이 참여한다. 갑자기 모두가 굉장한 아이디어에 관심을 갖지만 이는 일을 더디게 만들 뿐이다. '한 순간은 선장, 다음 순간은 해적'의 역할을 하는 혁신가는 온갖 지혜를 총동원해서 상황을 종합하고 아이디어를 '다음 단계'로 밀어붙여야 한다.

핵심은 처음부터 제대로 상황을 만들어서 기업 조직이 신속하게 움직이고 성과를 만들게 하는 것이다. 혁신을 위해서는 시작부터 신중하게 틀을 짜고 범위를 정해야 한다. 혁신가는 자신의 평판을 잘 관리해서 회사 전체에서 아이디어와 지원을 끌어올 수 있어야 한다. 그들은 절차보다 제품에 집착해야 하며, 마음의 여유와 안전지대, 그리고 적절한 측정 기준을 마련해두어야 한다. 이런 것들은 불가피한 장애물을 극복하기 위해 필요한 몇 가지의 전술에 불과하다. 혁신가의 좌우명은 예측, 은밀한 노력, 끈기가 되어야 한다. 하지만 무엇보다도 가장 중요한 것은, 관료주의와 싸워보겠다고 나서지 않는 것이다. 관료주의에 대응하기 위해서는 더 많은 회의와 더 많은 프레젠테이션이 필요하기 때문이다. 대신에 상황을 간단하게 유지하면서, 쉬운 말로 논의를 이어나가고, 소비자에게 옳은 것을 위해 싸워야 한다.

혁신이 성공을 향하게 하라

혁신은 굴러가는 불덩이이며 그 안에는 작은 경험들이 계속 불타고 있다. 우리는 시간이 흐르는 동안 경험을 통해 변화하기도 하고, 경험하더라도 필요한 것을 빠르고 충분하게 실행하지 못하기도 한다. 불덩이가 가속도를 얻어 성공적인 출시로 이어지거나, 아니면 점점 더 열기를 잃고 느려져 연기만 자욱하게 남기고 꺼지는 것이다. 그런 점에서 혁신은 긴장을 안기는 스릴러물과 다름없다.

그림을 끼울 액자를 어떻게 만드는지 생각해보자. 액자는 그림의 가장자리를 나타내며, 우리는 최고의 조명과 장소에 그 액자를 걸어서 보는 사람이 그것을 최대한 잘 감상할 수 있도록 배려한다. 혁신도 이런 방식으로 하면 도움이 된다. 왜냐하면 혁신이 실패하는(수치스럽게도 자욱한 연기만 남는) 원인을 찾다 보면 흔히 초창기, 도전에 대한 '계획'으로 거슬러 올라가기 때문이다. 처음부터 혁신의 액자를 신중하게 짜야 하며, 조직은 그것이 얼마나 중요한지, 범위의 안과 밖에 무엇을 배치해야 하는지 알아야 한다. 이처럼 틀을 만드는 과정이 없으면 사람들은 혁신에 대해 혼자만의 추측을 하기 시작한다. 어떤 사람들은 그것이 중요하다고 생각하고 또 어떤 사람들은 그것을 '안 하는 것보다는 좋은' 활동 정도로 묵살할지도 모른다. 어떤 사람은 혁신이 제품과 서비스에 대한 예상 밖의 진전이며 개선이라고 생각하고, 또 다른 사람은 혁신이 방해가 되고 일에 지장을 준다고 생각할 수 있다. 이 때문에 도전 과제의 틀을 만들면 혁신이 성공할 확률이 높아진다.

최근에 나는 수십억 달러의 자산을 소유한 한 기업의 이사진과 혁신전략 워크숍을 진행했다. 나는 최고경영자에게 혁신이 얼마나 중요하다고 생각하는지 물었다. 그는 '아주' 중요하다는 대답에 덧붙여 '우리는 생산과 유통의 모든 요소를 혁신했기 때문에 여기서 더는 나올 것이 없다'고 했다. 나는 혁신을 통한 성장의 양을 수치로 말해달라고 요구했다. 그는 CFO와 협의한 뒤에, 자기들이 계획하고 있는 인수합병을 하고 열심히 노력한다면 향후 4년 동안 10억 파운드의 수익 격차가 있을 것이라고 보고했다. 그는 계획을 연기한다는 생각을 전혀 하지 않고 있었으므로 혁신을 통해 그해 안에 2억 5천만 파운드의 수익을 올려야 했다. 나머지 이사들은 상황을 이해하고는 완전히 긴장했다. 생소한 소식은 아니었지만 그처럼 분명한 표현은 처음이었다.

앞의 이야기에서 내가 최고경영자에게 필요한 혁신의 양을 물었을 때, 그는 주주들이 정한 수익 목표에서 '정상 성장' 수익과 계획된 인수합병 수익을 뺐다. 그 격차는 아주 컸다. 최고경영자는 자기가 필요한 혁신 형태를 결정해야 했다. 그가 아주 큰 추가 수익을 기대하고 있었기 때문에 신제품을 이용한 혁신, 가격 책정, 유통 경로에 대한 혁신이 비용효율적인 업무 방식을 혁신하는 것보다 더 중요했다. 또한 그는 혁신에 소요되는 시간도 결정해야 했다. 다음은 혁신 과제를 계획할 때 필요한 기본적인 요소이다.

- 얼마나 많은 수익을 예상하는가?
- 어떤 종류의 혁신을 할 것인가?
- 언제 마무리할 것인가?

따라서 '성장 격차'를 결정하는 것은 혁신 과제를 계획할 때 중요한 첫 단계이다. 혁신은 얼마나 많은 수익과 이익을 가져와야 할까? 그 수치가 유의미하다면 혁신은 전략의 핵심 요소로 확립된다. 성장 격차를 분명히 정하는 것은 혁신이 조직 안에서 외톨이가 되지 않게 할 효과적인 보험과 같다.

혁신을 성공으로 이끄는 또 다른 중요한 방법은 그 범위를 명확하게 정하는 것이다. 나는 자칭 '파괴적인' 혁신 과제를 본 적이 있는데, 전체를 훑어보고 사업을 재검토할 이유가 전혀 없을 정도로 아주 자세하게 표현되어 있었다. 그 결과, 획기적인 혁신을 만들지 못하고, 소비자에게는 그저 대수롭지 않은 개선에 그쳤다. 나는 범위를 제한하지 않아서 결국은 손을 쓸 수도 없을 지경에 이르는 과제를 겪어보았다. 만약 "도대체 왜 처음부터 그 이야기를 해주지 않았지?"라고 혼잣말을 한 적이 있는 독자라면 내 말이 무슨 뜻인지 알 것이다. 나는 혁신을 지나치게 추상적으로 정의해서 프로젝트가 초점을 잃고 '엄청나게 힘들어지는' 경험을 해본 적도 있다. 이런 프로젝트는 항상 옵션이 너무 많아 실패에 이른다.

범위를 명쾌하게 정의하는 것이 얼마나 중요한지 설명하기 위해 독자들을 뜻밖의 장소로 데려가보려고 한다. 때는 1982년, 미국의 록밴드인 서바이버의 '아이 오브 더 타이거Eye of the Tiger'가 미국과 영국 음악 차트에서 1위를 차지할 무렵, 나는 생애 첫 차를 구입했다. 1930년대에 프랑스에서 설계되고, 1948~1991년에 900만 대가 생산되어 고급 자동차와는 거리가 멀고 유별나게 생긴 2기통짜리 시트로엥 2CV였다. 본래 2CV는 시동을 켤 때 줄을 잡아당겨야 했고 문에는 잠금장치가 없었다. 내가 구입한 차는 좌석 조절이 가능하고(소풍을 가는 경우를 대비해서) 창문을 접을 수 있는 모델이었다. 가속 페달을 밟아 최고속도인 95km/h까지 끌어올리려면 몇 분씩 걸렸다. 그러나 콧노래를 흥얼거리며 운전을 할 때는 도로 위의 왕이 된 기분이었다. 누구에게나 있을 법한 '생애 최초의 차'를 찍은 사진 속에서 비스트의 주인이 된 내가 뿌듯한 표정을 짓고 있다.

이 차에서 찾을 수 있는 재미있는 점은 명확하게 그어진 혁신의 범위이다. 시트로엥의 설계책임자인 피에르-쥘 블랑제Pierre-Jules Boulanger 는 디자이너들에게 '바퀴 달린 우산'이라고 부를 수 있을 만큼 가능한 한 단순하고 저렴한 자동차를 만들 것이라고 설명했다. 그리고 농부와 그 가족이 진창길을 다녀도 뒷좌석에 실린 달걀 바구니가 깨지지 않는 차여야 한다고 말했다. 굽 높은 신발과 모자를 모두 쓰고도 편하게 탈 수 있어야 했다. 막힘이 없는 도로에서는 속도가 60km/h까지는 쉽게 나와야 하고 가격도 가장 치열한 경쟁 차량의 3분의 1 수준을 넘지 말아야 했다.

생산이 시작된 1948년, 2CV는 비평가들로부터 흉하다는 혹평을 얻었지만 프랑스인의 사랑을 받았다. 구매 대기 기간 2년에, 40년이라는 전례 없는 기간 동안 디자인은 거의 변함없이 유지되었다.

2CV에 대한 혁신의 범위 설정은 매우 성공적이었다. 세부적인 면을 적절한 수준으로 설정했지만 디자이너들에게 실험과 관련된 많은 권한을 허용했다. 중요한 것은 승차감과 가격 두 가지에 대해서는 기준이 분명했지만, 그 외에는 조정이 가능했다. 창의성은 이런 종류의 제약을 좋아한다. 개발의 초점은 이제 현가장치(노면의 충격이 차체나 탑승자에게 전달되지 않게 충격을 흡수하는 장치—옮긴이) 설계와 경량 엔진 제조에 관한 모든 규칙을 깨뜨리는 데 있었다. 시트로엥 2CV는 진정한 혁신 차량이었다.

혁신 과제의 범위를 설정하는 실용적인 방법은, 확장하거나 축소한 여러 버전의 프로젝트 범위를 만들어놓고 그것들을 계속 비교해보는 것이다. 진행 중인 혁신 과제에 대한 최초의 정의를 글로 쓰면서 시작해보라. 우리가 기차 회사와 함께한 작업을 보여주는 다음 사진에서 처음 과제는 '일등석을 개선하는 것'이었다. 그 팀은 '왜?'라는 아주 간단한 질문을 제기함으로써 과제를 확장할 수 있었다. 이 질문에 대한 답을 통해서 과제를 한 계단씩 밟고 올라가서 범위를 확대했던 것이다. 그런 다음 '어떻게?'라는 질문에 대한 답을 찾으면서 과제를 축소했다. 이때부터는 더 탄탄하고

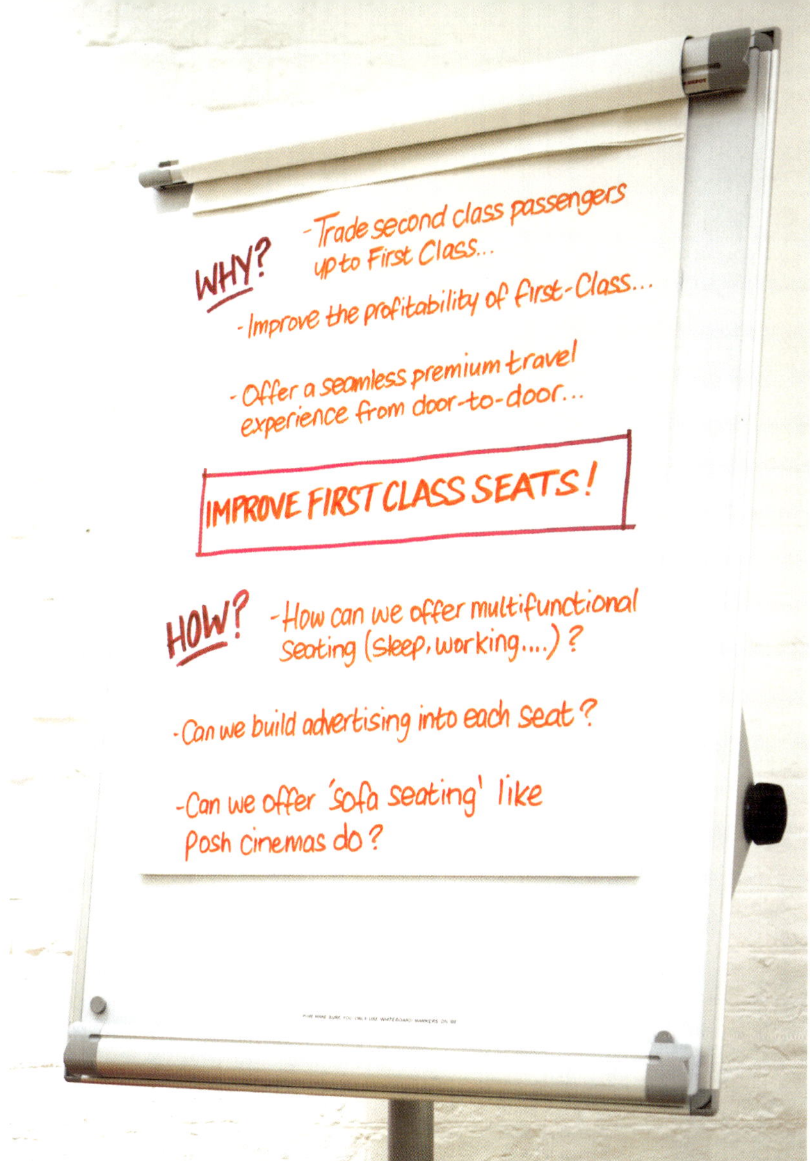

왜?
- 2등석 승객을 1등석으로 유도하기
- 1등석의 수익성 개선하기
- 모든 사람들에게 최고의 여행 경험을 제안하기

1등석 좌석 개선하기!

어떻게?
- 다기능 좌석을 어떻게 제공할 것인가?(수면, 작업 등)
- 각 좌석에 광고를 넣을 수 있을까?
- 고급 극장처럼 '소파 좌석'을 설치할 수 있을까?

구체적인 정의가 생겼다. 이런 새로운 정의는 각각의 과제에 관한 흥미롭고 새로운 관점을 갖게 하고 수많은 새로운 아이디어를 생산해낸다. 나는 어떤 혁신 과제에 대한 정의를 아주 조금만 수정해도 프로젝트의 범위와 그것이 가져오는 아이디어에 커다란 영향을 미칠 수 있다는 사실에 항상 놀란다. '왜?'와 '어떻게?'라고 질문하기. 이보다 더 간단하고 효과적인 혁신의 도구는 없다.

확장되거나 축소된 정의 중 무엇이 최고라는 규칙은 없다. 핵심은, 대안적인 정의를 찾고 그것을 빨리 실행하는 것이다.

하지만 과제에 대한 명확한 정의를 갖고도 사람들은 범위 안과 밖에 무엇을 두어야 하는지 너무 쉽게 가정한다. 따라서 일찌감치 그런 가정을 직시하는 게 중요하다. 모두 '한마음'이라고 믿기 때문에 그럴 필요가 없다고 생각할지 모르지만 그 자체가 위험한 추측이다.

우리는 한 소매은행과 '미래 은행'의 상업적인 모델에 관해 작업한 적이 있다. 팀 전체가 얼마나 확장을 할지 분명히 결정하고 범위 안과 밖에 배치할 것에 동의하지 않는 한, 이런 복잡한 프로젝트가 통제 불능이 되는 건 시간문제다.

우리는 그 프로젝트에 착수하면서 특히 영향력이 큰 관계자들을 대회의실로 불러 모았다. 우리가 바닥에 원형으로 놓아둔 밧줄을 따라 서라는 주문을 하자 그들은 놀랐다. 우리는 회의에 앞서 참석자 전원에게 미래의 은행에 관한 의견을 적어오라고 미리 부탁했다. 그들은 머리를 짜내어 분명한 의견에다 갑자기 떠오른 수많은 의견을 덧붙였다. 왓이프 팀도 추가 과제를 수행했다. 우리는 흥미로운 새 아이디어와 비즈니스를 샅샅이 뒤졌다. 모두가 숙제를 가지고 왔고, 나는 내가 생각한 가장 과격한 아이디어를 맨 먼저 제시했다. 하지만 너무 '비상식적'이어서 거부당할 거라고 확신하고 있었다. 나는 맨 위에다 내 생각을 크게 적은 종이 한 장을 집어 들었다. 은행이 상품 판매를 모두 중단하고 그 대신 금융 서비스를 '검색하고 찾아주는' 역할을 한다는 내용이었다. 은행은 개인 맞춤 서비스를 약속하는 인간적인 비교 사이트를 만든다. 그런 다음 고객의 의뢰를 받으면 시장에서 적당한 상품을 찾아내어 최상의 거래를 알선하고 수수료를 받는 것이다. 나는 조롱이 쏟아질 것에 대비해 바짝 긴장했지만 그런 일은 없었다.

"그렇게 허무맹랑한 건 아니군요."

한 임원이 말했다. 다른 사람은 더 많은 지지를 해주었다.

"그런 생각을 해본 적이 없지만 검토해볼 만하다고 생각해요. 현재의 사업 형태에 제한받아서는 안 되죠."

그 후로 열띤 논쟁이 이어졌고 결국 내 의견은 원 안으로, 즉 '범위 안'으로 들어갔다. 그 논쟁으로 관계자들이 어떤 생각을 하고 있는지, 그들이 감내할 수 있는 위험의 수준은 어느 정도인지 알게 되었다. 우리는 그 후에도 20개 정도의 아이디어에 관해 분석하고 토론하며 시간을 보냈다. 회의가 막바지에 이르면서 어떤 아이디어는 밧줄 안쪽에, 또 몇 가지 아이디어는 밧줄 바깥에 놓였다. 이제 우리는 범위 안과 밖에 놓이는 것에 대해 아주 분명히 이해할 수 있었다. 관계자들은 가정을 놓고 이러쿵저러쿵 떠드는 것보다 '실재實在'에 대해 이야기하는 것이 얼마나 유쾌한지 말하며 자리를 떠났다. 사람들에게 밧줄 주위에 서서 안과 밖에 있는 것에 관해 의논하게 하는 단순한 행위는 효과적이었다. 앉아 있는 것보다 일어서서 어떤 아이디어를 직접 안이나 밖에 두는 물리적인 행동을 하면 진정한 활력과 동료애가 생긴다.

범위 설정을 위한 회의가 효과를 보려면 핵심 역할을 하는 사람들이 대리인만 보내지 말고 직접 참석해야 한다. 이해 관계자들에게 그들이 빠지면 프로젝트를 시작할 수 없다고 하며 회의 참석을 유도하라. 가능하다면 듣기 좋은 말로 아첨을 하건, 강압적으로 말하건, 협박을 하건, 음식으로 유혹하건 진짜 역할을 할 수 있는 사람이 출석해야 한다. 그리고 그들이 스스로 검열을 하지 않도록 해야 한다. 대신 가장 넓은 범위의 가능성 있는 방법과 아이디어를 가지고 오는 게 중요하다. 또한 아이디어가 아무리 급진적이거나 비실용적이라도 '자유롭게 표현하도록' 해야 한다.

우리는 이런 단순한 범위 설정 연습이 놀랄 정도로 많은 이득을 가져온다는 것을 알았다. 예를 들면,

- 다양한 이해관계자들에게 각자가 가진 아이디어를 모두 '내놓을' 수 있도록 유도한다. 통쾌한 기분을 느끼게 하는 이런 경험은 다른 사람들이 자기 말에 귀를 기울인다는 기분이 들게 하고 나중에 그들이 좋아하는 아이디어를 반복해서 내세우면서 프로젝트 진행을 방해할 가능성을 줄인다.
- 프로젝트 팀의 관점을 넓혀준다. 어쩌면 생각지도 못한 새로운 사업 모델을 발견하고 새로운 파트너나 유통업자와 함께 일할 수도 있지 않을까?
- 처음부터 성공 가능성이 있는 아이디어를 돋보이게 한다.
- 프로젝트팀이 혁신을 함께 하는 동료와 이해관계자들의 역량을 서로

이해하는 데 도움을 준다.

• 집단 내부의 분열을 드러낸다. 이런 정보는 꼭 필요하다.

당신의 제품을 사랑하라

킹피셔Kingfisher는 미국을 제외한 지역에서 세계 최대의 DIY 소매 기업이다. 100억 파운드의 자산을 가진 이 그룹은 중국과 영국에서는 B&Q로, 영국에서는 스크류픽스Screwfix로, 프랑스 · 러시아 · 스페인 · 폴란드에서는 카스토라마Castorama로, 터키에서는 코카스와의 합작회사로, 독일에서는 호른바흐와의 전략적 파트너 관계로 사업을 운영하고 있다.

2008년에 최고경영자로 임명된 이언 체셔Ian Cheshire는 고도의 혁신을 단행했다. 그는 B&Q의 앤디 위긴스Andy Wiggins 이사에게 그룹 혁신이사라는 새로운 역할을 맡겼다. 위긴스는 이렇게 말한다.

"이언의 의견은 이런 벤처 사업 초기에 '좋은 것'을 어떻게 구분할 수 있겠느냐는 것이었어요. 그러니 상황의 모호성을 받아들이고 내가 옳다고 느끼는 것을 시작한다면 원하는 방향으로 일할 수 있도록 지원하겠다고 조언했습니다. 나는 그것이 자유분방하면서도 처음에는 불안할 수 있지만 결국은 적절한 문제 해결 방식이란 걸 알았어요. 새로운 것을 시도하면서 에너지가 있는 쪽으로 움직이는 융통성을 발휘하는 거죠.”

위긴스와 체셔는 실행 속도를 높이기 위해 설계된 혁신 경로를 새롭게 구축했다. 먼저, 창의적 협력팀은 공급업체·창업자·소비자와 협력하여 새로운 프로세스나 제품 아이디어 플랫폼을 구축하기로 했다. 다음으로 이사 네 명으로 구성된 ‘드래건스 덴Dragons Den’(투자 유치를 위해 사업계획을 놓고 겨루는 영국 BBC 방송국의 프로그램의 명칭과 같다-옮긴이)은 사업과 관련된 아이디어 우승자들로부터 사업 마케팅을 들어보기로 했다. 그들은 혁신에 착수할 수백만 파운드의 자금과 그 돈을 신속하게 풀 수 있는 능력을 갖고 있었다. 그런 다음 8명의 지사장으로 구성된 파일럿과 딜리버리팀은 아이디어의 시제품이 매장에 빠르게 비치되었는지 확인할 터였다.

체셔가 혁신의 단추를 누른 지 4년 후, 킹피셔의 주가가 두 배로 올라 72억 파운드에 육박하고 주주들이 126%의 수익을 올린 반면 영국의 주가지수인 FTSEFinancial Times Stock Exchange 지수는 16%에 그쳤다. 같은 시기에 대부분의 유럽 경제가 겪은 심각한 불황 속에서 거둔 쾌거였다. 킹피셔의 실적에는 사세 확장에 따른 종합적인 비용 절감과 구매력 상승이 영향을 주기도 했지만 무엇보다도 혁신이 중요한 역할을 했다.

요즘 B&Q나 카스토라마에서는 DIY 강좌를 들을 수 있다. 타일을 어떻게 까는지 모르는가? 그냥 스마트폰으로 선반에 있는 QR코드를 스캔한 뒤 영상을 통해 타일의 견적을 뽑고 설치하고 타일 회반죽을 바르는 방법을 배울 수 있다. 계획보다 더 많이 구입했다면 자가운전 밴을 빌리면 된다. 결혼 예정인 소비자라면 B&Q 웨딩 리스트를 온라인으로 찾아보라. 테라스 테이블과 울타리, 세면기, 수도와 연결된 공간 절약형 변기도 구입할 수 있다. 킹피셔는 4년도 안 되어 고전을 면치 못하는 소매점에서 급속 성장을 거듭하는 세계적인 업체로 변신했다.

> 대부분의 사람들은 종이 클립을 주문할 때와
> 똑같은 과정을 혁신에 적용할 겁니다.
> 투자 과정에서 엄청난 절차와 보고가 필요하게 되죠.

나는 킹피셔그룹의 이야기가 무척 교훈적이라고 생각한다. 대규모 조직의 고위 임원들은 일을 신속하게 진행하려면 제품에 몰입해야(그리고 그런 것처럼 보여야) 한다. 킹피셔의 임원들은 사업에 관한 이야기를 들으면 사업 진행 이전에 반드시 제품(또한 소비자)을 생각한다. 자기 회사의 성과에 적극적으로 관심을 갖고 있는 유명한 리더는 혁신의 속도를 높일 수 있다. 현재의 경제 위기로 인해 방송국 대부분의 수익이 줄어들었지만 UKTV의 수익은 해를 거듭할수록 증가하고 있다. 이곳의 최고경영자인 대런 차일즈 Darren Childs 는 그런 성과의 공을 빠르게 움직이고 혁신하는 능력에 돌렸다. 그는 이렇게 말한다.

"대부분의 사람들은 종이 클립을 주문할 때와 똑같은 과정을 혁신에 적용할 겁니다. 투자 과정에서 엄청난 절차와 보고가 필요하게 되죠."

차일즈는 UKTV에서 아이디어 흐름의 속도를 높일 수 있는 열쇠는 과정이 아니라 프로그램 제작에 초점을 두는 것이라고 말한다.

"나는 제품에 큰 관심을 갖고 관리를 통해 일을 신속하게 추진합니다. 현장에서 바로 업무 지시를 내리기도 하죠."

차일즈는 또 이렇게 덧붙인다.

"제품에 대한 열정은 최고경영자를 달라지게 할 수 있어요. 좋은 아이디어를 진행하는 속도를 끌어올려서 회사의 미래를 보장하는 데 도움을 주는 겁니다.”

집중

J. K. 롤링Rowling 은 소설 『해리포터』에서 ‘디멘터Dementor ’라는 존재를 소개했다. 이들은 지구상에서 가장 사악한 존재로 여겨지는 영혼 없는 생물이다. 상대의 영혼을 빨아먹는 잔인한 마귀인 이들은 그 이름에서 알 수 있듯이 오랜 시간 만나는 사람의 정신을 빼앗는다. 당신이 직장에서 아직 디멘터를 보지 않았다면 한 번쯤 만나볼 필요가 있다. 그들은 기업에서 혁신이 어떻게 비치는지 알려주는 좋은 비유가 된다.

대기업의 많은 혁신가들은 디멘터 효과를 보고한다. 그들은 자신의 혁신 프로젝트에 몰입할 시간이나 에너지를 잘 찾지 못하는 것처럼 보인다. 새로운 것을 발견하려면 사무실에서 벗어나 신선한 자극을 접해야 하는 시기가 온다. 이런 자의적인 이탈은 꼭 필요한 것인데 마음이 계속 혼란할 때는 그런 일이 일어나지 않는다. 혁신가는 시간이 흐를수록 자신의 마력을 소진하고 기업 조직과의 전투에서 싸울 힘을 점점 잃어간다. 그것을 깨닫지 못하면 혁신 프로젝트는 어느새 평범한 것이 되고 만다. 혁신을 파멸로 이끄는 이런 올가미는 흔히 찾아볼 수 있다.

이처럼 영혼을 빨아먹는 가장 흔한 원인 중 하나는 보고의 양이다. 흔히 들을 수 있는 불평은, 리더들이 자신의 목소리가 얼마나 멀리까지 전달되는지, 그것이 어떻게 왜곡이 되는지, 최소한의 요구가 받아들여지려면 얼마나 많은 시간이 필요한지 전혀 모른다는 것이다. 또 다른 원인은 회사가 "가능성의 세계"에 중독되어 버린 것이다. 아주 많은 프로젝트를 시작하는 건 쉽다. 내 클라이언트 중 한 사람은 '하늘이 이미 비행기들로 시커먼데, 그 하나하나가 프로젝트'라고 말하며 '착륙할 공간도 없는 상황에 비행기가 계속 이륙하는' 기분이라고 표현했다. 어떤 사람들은 너무 많은 사일로저장고가 있다고 불평하고, 불과 몇 미터 떨어진 곳에서 자신과 똑같은 일을 하는 사람을 보고 실망한다고 말한다.

이런 에너지 결핍의 원인이 무엇이건, 혁신가들은 적당한 '집중력'이 필요하다. 긍정적인 태도와 명백하게 집중된 시간의 적절한 조합이 필요하다. 지지 · 열정 · 명확성을 가장 잘 보여주는 이야기는 유니레버에서 찾을 수 있다. 이 이야기는 내가 유니레버 세탁 브랜드의 견습 마케터로 처음 일을 시작했을 때의 상황과 아주 비슷하다.

유니레버는 전통적으로 프록터&갬블이 세제 시장을 점령한 미국을 제외하고 전 세계 거의 모든 국가에서 퍼실Persil · 오모OMO · 브리즈Breeze · 서프Surf · 스킵Skip 같은 브랜드로 강력한 시장 점유율을 자랑하고 있다. 가루나 액체 세제는 휘발유 같은 제품이다. 소비자는 제품 자체를 원하는 것이 아니라 그것이 그들에게 해줄 수 있는 것을 원한다. 이런 제품으로 '전문성'의 느낌을 살리기는 어렵다. 게

다가 세제 브랜드들은 오랫동안 깨끗한 옷과 '정말 깨끗한' 옷을 비교하는 고리타분한 방식에서 헤어 나오지 못했다.

2000년에 유니레버 내부에 '톱클린Top Clean'이라는 소규모 글로벌 브랜드 그룹이 설치되었고 데이비드 아크라이트David Arkwright가 그 책임을 맡았다. 이 그룹의 임무는 유니레버의 고성능 가루와 액체 세제에 새로운 생명을 불어넣는 것이었다.

아크라이트는 처음에는 유니레버의 런던 본사에서 작은 팀을 꾸렸다. 그들은 서로 새로운 방식으로 일을 하자고 약속했다. 그리고 사무실에서 나가 고객들(주부가 대부분인)이 세제에 대해 어떤 생각을 하고 이야기하는지 직접 들어보기로 했다. 그들은 아무리 보잘것없어 보여도 새로운 마케팅 콘셉트를 거침없이 제안했다. 아크라이트의 팀은 시장이 '표백에 의한 세탁'이라는 진부한 메시지와는 판이한 것을 요구한다고 느꼈다.

몇 달 후, 톱클린 팀은 캐나다에서 유니레버의 선라이트라는 섬유세제를 마케팅하는 광고를 우연히 보게 되었다. 삶에 대한 유쾌한 태도를 부각한 '얼른 가서 더럽혀라Go Ahead, Get Dirty'라는 표어는 흔해빠진 '하얗게, 더 하얗게'와는 한참이나 달랐다. 캐나다에서 선라이트의 판매는 끝도 없이 치솟았다.

이에 자극을 받은 톱클린 팀은 육아에 대해 조금 더 자유로운 태도를 추구하는 내용을 새 브랜드에 담기로 했다. 주부에게 보내는 새로운 메시지는 신선했다.

"아이에게 어린 시절을 즐기게 해주세요. 아이들은 더러워지면서 배우고 발전하죠. 아이들의 옷을 깨끗하게 관리하는 건 우리가 해 드릴게요."

유니레버는 이 브랜드의 콘셉트를 '더트 이즈 굿Dirt is Good, 더러운 것은 좋은 것'으로 정했고, 2003년에 터키와 브라질에서 '오모'라는 브랜드를 출시하여 대히트를 기록했다. 이 브랜드는 주부들이 가장 공감하는 관심사인 자녀의 성장에 초점을 맞추면서 큰 반향을 일으켰다. '더러운 것은 좋은 것'이라는 메시지는 단순하면서도 강력해서 제품을 시험 사용한 많은 주부들의 호평을 받았다.

2005년에는 브라질에 본부를 두고 있는 유니레버 '더트 이즈 굿'의 글로벌 담당이사인 앨린 산토스Aline Santos가 이 브랜드를 책임지게 되었다. 산토스는 세계적으로 파격적인 포지셔닝을 시작했고 판매도 증가하였다. 브랜드 수익은 아크라이트가 브랜드를 출시했을 당시 3,300만 유로4,500억 원 였다가 산토스가 세계 공략을 완수했을 때는 32억 유로4조 3천억 원로 치솟았다. 산토스는 '성공은 아주 달콤한 맛'이라고 말했다.

이것은 단순히 새로운 커뮤니케이션 아이디어가 올릴 수 있는 성과 이상이었다. 이는 혁신을 위한 더 넓은 기회를 열었다. '더티 이즈 굿'이라는 메시지는 전 세계의 주부들에게 큰 공감을 얻은 만큼

(터키에서는 50만 명이 오모의 페이스북 친구가 되었다) 브랜드 팀에 활기를 불어넣었다. 이런 명쾌하고 단순한 '중앙의 조직적인 사고'로 수많은 나라에서 일하는 유니레버 직원들은 자부심을 느낄 수 있었다. 현재 기술 개발은 아이들이 곧잘 묻혀 오는 얼룩에 집중되어 있다(와인 얼룩이 아니라 풀물을 떠올리면 될 것이다). 마케팅 활동은 아이들이 더러워지면서 배우게 한다는 기본 개념에 중심을 두고 있다. 브랜드는 세계에서 최고 인재를 불러모았다.

'더러운 것이 좋은 것'의 이야기는 브랜드에 대한 초기 내부 저항을 생각한다면 굉장히 흥미롭다. 유니레버는 세계의 많은 곳에서 손과 몸을 씻고, 그릇을 닦는 것 같은 물건을 청결하게 하는 자랑스러운 역사를 가지고 있는데, 이는 사소한 문제가 아니었다. '더트 이즈 굿'의 개념을 포용하는 것은 유니레버로서는 큰 도전이었다. 100년 동안 '더러운 것은 나쁜 것'이라고 말하던 것을 '더러운 것은 좋은 것'으로 바꾼다는 것은 모험과 다름없었다. 산토스는, "중요한 문제는 소비자가 아니라 변화에 대한 내부적인 저항이었다. 우리는 나라마다, 지역마다 일일이 그 아이디어의 잠재성에 대한 확신을 심어주어야 했고, 열정적으로 그 일에 매달렸다"라고 말한다. 유니레버의 세제 브랜드는 다양한 메시지를 제시하고 있지만 요즘은 몇몇 세계적인 브랜드가 동일하게 '더트 이즈 굿'을 내걸었다. 이는 놀랍고 과감한 변화로 널리 인식되고 있다.

> 중요한 것은 중요한 것을
> 중요하게 유지하는 것이다.
>
> 많은 사람들이 한 말

혁신가가 '집중'을 할 때는 흥미로운 난관에 봉착한다. 당신은 칼을 꺼내 들고 계획을 잘라버릴 것인가(스티브 잡스가 1997년에 애플로 돌아가 수백 건의 프로젝트를 중단하면서 성공한 일), 아니면 혼동을 영감과 명료성으로 바꿀 것인가? 내가 보기에 '더트 이즈 굿'의 이야기는 다양한 팀이 언제, 어떻게 영감을 얻을 정도의 집중력을 갖느냐를 보여주는 좋은 예이다. 까다로운 계획들을 중단하고 중요한 것에 집중하는 게 훨씬 더 쉽다.

안전지대

바클레이즈는 각 은행 지점에서 50명의 전문가를 차출하여 팀을 꾸렸다. 그 목적은 고객의 은행 업무와 관련하여 거의 모든 부분을 원하는 대로 맞추어주는 온라인 혹은 복합점포 툴인 피처스스토어 Features Store를 시작하기 위해서였다. 그들은 한자리에 모여 90일 만에 2,000개 이상의 작업을 하나의 원활한 제안으로 통합해야 했다. 바클레이즈 영국 지점과 기업금융의 책임자인 스티브 쿠퍼 Steve Cooper 는 이렇게 말한다.

"적임자들이 이메일을 통해서가 아니라 한자리에 모두 모여 직접 소통할 수 있었죠. 프로젝트가 시작하는 시점부터 출시 시점까지 계속 그랬습니다. 설레는 기분과 함께 책임감이 느껴졌습니다. 새로운 업무 방식일 뿐만 아니라 팀원들이 결국은 각 지점으로 돌아가 모두 피처스스토어에 대해 이야기할 테니 연쇄적인 이익이 되는 셈이죠."

쿠퍼는 원래는 과제를 수행하는 데 18개월이 걸릴 거라고 예상했지만 석 달 만에 성공한 이유는 인원을 각 부문에서 분리하여 같은 장소에 모은 것 때문이라고 설명했다.

혁신가는 기업 차원에서 보호해야 한다. 그들에게는 진부한 통념에서 벗어나 자유롭게 생각하고 실험할 수 있는 안전지대가 필요하다. 이것은 물리적으로 소속부서에서 혁신팀을 분리하거나 주당 근무시간에서 혁신에 집중할 수 있는 시간을 떼어주어야 가능하다. 이런 안전지대를 만들 때는 유의할 점이 있다. 기업에서 일상적으로 이루어지는 것보다 더 큰 수준의 지속성, 진정한 독립, 상부로부터의 승인, 문제를 빠르게 해결할 '피뢰침' 구조, 그리고 새로운 기술에 대한 투자가 필요하다.

새로운 아이디어를 떠올리고 그것을 끝까지
밀어붙일 여유가 있는 한 사람이나
소규모 팀이 혁신을 추진한다. 이를 반박하는 예는 전혀 없다.
이것은 100년 전에도 사실이었고 100년 후에도 사실일 것이다.

에릭 슈미트Eric Schmidt, 구글 최고경영자와의 인터뷰에서

제품 출시까지 혁신에 매달릴 준비가 된 사람들이 혁신의 안전지대를 차지해야 한다. 혁신의 안전지대에 머무르는 사람에게는 아주 많은 책임이 뒤따른다. 유럽에서 가장 빠르게 성장하는 비즈니스의 하나인 러브필름LoveFilm은 그 좋은 예이다. 러브필름은 2002년에 DVD를 가정으로 배달하면서 사업을 시작했다. 영화를 보고 그것을 다시 보내면 곧바로 선호 목록에 있는 다른 DVD를 받을 수 있다. 2006년부터 2012년까지 CEO로 재직한 사이먼 캘버Simon Claver는 사업을 강력한 디지털 엔터테인먼트 조직으로 바꾸면서 고속 성장을 주도했다. 블록버스터가 매장에서 고전을 면치 못하자 러브필름에 온라인과 즉시성이라는 특성을 입힌 것이었다. 2012년에 아마존이 러브필름을 인수했다.

혁신에는 피자 한 판 이상은 먹기 어려운
소규모 정예 인원만 있으면 된다.

이러한 파괴적인 혁신은 기존 시스템에 충격을 가하므로 색다른 조직 구조가 필요하다. 소규모 집단은 속도감 있게 일하면서 기존 사업 분야 활동에서 자유로울 수 있어야 한다. 따라서 캘버Calver는 혁신을 회사의 기존 구조에 끼워 맞추기보다는 비즈니스를 혁신에 적합한 형태로 만들었다. 많은 임원들이 자신의 직무에서 빠져나와 혁신 프로젝트 안으로 들어왔다. 인터넷 서점 아마존에서 지혜를 빌려와 핵심 임원들을 '피자 팀'으로 편성했다. 캘버는 이렇게 말한다.

"혁신은 피자를 한 판 이상은 먹기 어려운 소수의 적임자로 구성되어야 하고, 이들은 프로젝트에 끝까지 집중해야 합니다. 그래야 출시에 이르기까지 빠르게 진행하면서 지름길을 찾을 수 있죠. 배턴baton을 놓치는 일이 없고 주인의식과 많은 자부심을 갖습니다."

안전지대는 들어가서 다르게 행동해도 좋다는 허락이 필요하다. 삼성전자에는 전 세계에 매우 모험적으로 일하는 기동성 있는 제품혁신팀PIT, Product Innovation Team 이 몇 개 있다. 각 PIT의 수장은 한국의 본사와 밀접한 관계를 가지고 있으면서도 지역에서 최고의 인재를 채용하고 프로젝트를 추진할 수 있는 권한도 가지고 있다. 삼성은 매년 제한된 수의 혁신 프로젝트만을 지원하는데, 이는 PIT끼리의 건전한 내부 경쟁을 유도한다. 이런 문화에서는 노련한 혁신가와 강한 의사결정자만이 살아남을 수 있다. 많은 기업들은 혁신팀을 지나치게 관리하려 든다. 내 생각에는 적합한 리더를 채용하고('한 순간은 선장, 다음 순간은 해적') 그들로 하여금 잘 헤쳐 나가도록 하는 것이 훨씬 더 바람직할 것 같다.

내부 혁신팀의 한 형식은 '인큐베이션팀Incubation Team'이다. 작은 집단 혹은 사람들로 구성된 이 팀의 몇 명은 조직 외부에서 채용된다. 그들이 하는 일은 조직 안과 밖에서 기술과 흥미로운 아이디어를 찾아내는 것이다. 이 팀은 외부와의 협력과 인수에서 능력을 발휘한다. 외부 당사자와의 관계를 구축하고 본사가 유용한 정보를 얻거나 새로운 회사를 통합하는 시점까지 새로운 비즈니스를 인큐베이션한다는 개념이다. 인큐베이터는 다양한 팀을 협력하게 하는 노련한 임원이 적임자이다. 이들은 기업가, 투자가, 회사 안의 모든 고위 간부들과 신뢰관계를 유지할 수 있어야 한다.

안전지대는 버려진 지대를 의미하지 않는다. 혁신 과정이 느려지고 난관에 봉착한 것 같으면 상황을 진척시킬 실질적인 방법이 있다는 것을 알아야 한다.

시럽(혹은 물엿)을 처리하는 가장 현실적인 방법은 SRI Stanford Research Institute 인터내셔널의 대표이자 최고경영자이며 오바마Obama 대통령 행정부의 혁신과 기업가정신에 관한 국가자문위원이기도 한 커티스 칼슨Curtis Carlson 박사에게 들을 수 있다. SRI는 1946년에 스탠퍼드연구소로 발족했다. 공식적으로는 1970년에 대학에서 분리되었고 1977년에 SRI인터내셔널로 이름을 바꾸었다. 현재 실리콘밸리, 캘리포니아, 그리고 미국 전역의 시설에 설치된 SRI의 연구소에서는 신기술을 만들어내고 있으며, 그중 몇몇은 새로운 기업으로 성장하였다. SRI는 컴퓨터 마우스, HD TV, 그리고 더 최근 들어서는 애플이 인수하여 아이폰4부터 장착한 가상 개인 도우미인 시리Siri 를 발명했다. 칼슨은 '워터링홀Watering Hole '이라는 SRI의 의사결정의 지름길에 관해 설명해주었다.

이는 어떤 프로젝트가 항상 다음에 예정된 회의를 기다리지 않는다는 개념이다. 가끔 프로젝트를 제안한 사람들은 신속한 도움이 필요하다. 따라서 워터링홀은 '가치-창조 포럼'으로서 다양한 사람들로 구성되며, 가끔 칼슨도 직접 참석한다. 이는 과정을 바꾸고 빠르게 개선하는 계기가 되며 모두가 그 기회, 고객, 혹은 시장을 위한 최고의 성과창출에 집중한다. 이 회의에 '워터링홀'이라는 이름을 붙인 것은 무척 기발하다. 정글의 모든 동물들(곧 한 조직의 다양한 관점들)이 같은 프로젝트를 진행하기 위해 모여든다는 특별한 미팅의 의미를 내포한다. 워터링홀로 인해 사람들은 활기를 되찾고 긴급한 업무에 집중하려고 한다.

혁신의 안전지대에서 임원들에게 필요한 능력은 조직의 다른 곳에서 필요한 것과는 사뭇 다르다. 많은 기업들은 열정적인 관리자를 채용하고 그들을 창의적인 '닌자 레벨'의 혁신가, 다시 말해 조직 전체에서 언제든 일어나 행동할 준비를 마친, 노련한 혁신의 투사로 훈련한다. 이 창의적인 닌자들은 연습을 통해 '폭넓은' 회의를 주재하고, 도발적이고 실험적인 '현실화' 과정을 탐색하고 설계하는 능력을 크게 키울 수 있다. 이런 능력을 가진 사람은 기업에서 귀한 존재이며 그들이 각자의 능력과 열정을 다른 사람들에게 전파하는 동안 조직의 혁신역량은 점점 상승한다. 이 혁신의 '근력 키우기' 체제는 시작하기는 쉽지만 계속 유지하려면 적합한 지원자를 채용하려는 의지가 필요하다. 매우 열정적인 사람들을 훈련하고 싶은 유혹이 아주 크지만 동료에 대한 진지함과 존중이 없다면 그 프로그램은 곧바로 역효과를 내고 '혁신'이 다시 등장할 때까지 족히 몇 년의 시간이 걸린다.

리더십 모델

대기업에서는 보통 전사적 혁신을 추진할 만한 강력한 팀이나 안전지대를 찾기 어렵다. 혁신은 위에서부터 주도해야 한다. '리더가 주도하는' 혁신을 가장 잘 보여주는 예는 리더들이 뚜렷한 기호를 갖고 있거나 주변에 그런 사람들로 둘러싸인 유명 패션 브랜드들이다. 예측력, 좋은 평판, 카리스마를 두루 겸비한 리더는 소비자가 필요한 것에 대해 생각하는 데 그치지 않고 그것을 직접 창조해낸다.

혁신에 필요한 강력한 리더십을 가장 잘 보여주는 유명한 예는 단연 애플의 스티브 잡스가 보여준 리더십이다. 내가 애플 본사를 방문했을 때 받은 첫인상은 그곳이 특히 패션하우스 같다는 것이었다. 애플의 직원들은 패션을 창조한다는 분명한 철학을 갖고 있다. 소비자에게 귀를 기울일 필요가 거의 없는 것 같은 느낌은 자칫 오만하게 보일 수 있다. 하지만 일이 제대로 진행되는 게 분명한데 왜 남의 말을 들어야 할까? 애플은 매우 활동적이고 열성적인 팬들, 그리고 당연하지만 감각적 디테일에 대한 강한 애착을 가지고 있다. 이처럼 '패션을 창조하는 리더십'은 일을 흥미진진하게 만들고 충성심과 각고의 노력을 이끌어낸다.

중국의 알리바바그룹의 성공 역시 강력한 혁신 리더십에 의존했다. 알리바바는 명실공히 중국에서 가장 성공한 전자상거래 업체로,

온라인 매장, 쇼핑 검색 엔진, 결제 서비스, 클라우드 컴퓨팅 서비스 등을 제공한다. 알리바바의 최고경영자인 잭 마Jack Ma는 창의적인 기업가의 전형이다. 그는 쉬지 않고 기회를 찾아다니며 알리바바가 높은 수익을 올리는 동안에도 현상에 만족하지 않았다. 이 때문에 알리바바는 기회를 포착하여 장애물을 조력자로 바꿀 수 있었다.

예를 들어, 잭 마와 그의 팀은 혁신적인 알리-론Ali-loan을 만들어 온라인상에서 활동하는 소규모 업체들이 신용대출을 받는 데 도움을 주었다. 이 새로운 사업은 많은 중소기업들이 신용도를 적절하게 증명할 수 없기 때문에 은행 대출을 받기 어렵다는 예측에 따라 이루어졌다. 하지만 알리바바는 그런 업체들의 온라인 거래를 바탕으로 신용 리스크를 판단할 수 있었다.

알리바바에는 수많은 성공 스토리가 있기 때문에 그들이 항상 아무 문제나 장애물 없이 혁신을 해 온 것처럼 보일 수 있다. 하지만 진짜 이야기는 알리바바가 여러 번 장애물을 만나 그 과정에서 파산 직전에 이른 적이 있다는 것이다. 가장 큰 위기는 2000년 초에 세계화를 시도할 때 발생했다. 알리바바는 세계화에 대한 열망을 숨기지 않았고 그 이름도 중국어와 영어로 모두 쓸 수 있도록 신중하게 지어졌다. 하지만 세계화 전략을 펼치기에는 너무 이르고 욕심이 컸으며, 성급한 세계화로 인해 협력 초창기부터 중국 경영진과 이른바 외국인 전문가들 사이에 문화적 차이가 불거졌고 결국은 마찰과 큰 충돌을 빚기에 이르렀다. 알리바바는 우수한 기술자를 채용하고 계속되는 마찰을 해결하려는 노력의 일환으로 영어를 사용하는 팀들을 실리콘밸리로 이전시키는 조치까지 단행했다. 하지만 시간대가 달라지면서 상황은 더 나빠졌고 공유할 수 있는 업무 시간이 짧아 중국 본사와 협조하기가 더욱 어려워졌다. 비용이 많이 드는 미국으로의 이전은 계획만큼 효과가 없었고 결국 회사의 생존을 위해 영문 웹사이트 운영 팀을 다시 중국으로 옮기는 극단적인 조치를 취했다.

그러나 잭 마는 이런 실패를 겪은 뒤에도 알리바바를 국제무대에 올려놓겠다는 목표를 잊지 않았다. 2008년, 잭 마의 팀은 인도에서 소비자-통찰에 의한 사업 기회를 창출하는 것으로 세계화 전략을 재조정하였고, 탄탄한 소비자 기반을 가진 인도의 주류 언론사와 다중전략적인 동업관계를 시작했다. 알리바바는 인도 시장에 성공적으로 안착한 이후 다른 국가로 반복 적용할 사업 모델을 구축할 수 있었다.

국제무대로 갈 혁신 방법을 찾는다는 것은 결코 쉬운 일이 아니다. 분명한 청사진과 야망을 가진 리더만이 기회를 발견하고 그것을 성과로 바꿀 수 있다. 알리바바의 그런 자세가 큰 성공으로 이어졌다.

어떤 조직은 너무 크고 다양해서 더 광범위한 형태의 혁신 리더십이 필요하다. 점점 더 많은 기업들이 최고혁신책임자cio를 임명하고 있다. 이는 비교적 새로운 역할이다. 노련한 혁신가가 혁신에 100% 집중하고 사일로들을 연결할 수 있게 된다.

CIO는 혁신프로젝트팀, 인큐베이션팀, 그리고 대외적인 혁신팀 등 여러 개의 하위 팀을 조직하여 자신에게 보고하게 할 수 있다. CIO의 성격은 노련하면서도 냉혹해야 한다. 그들은 영향력을 갖고 있어야 하고 수익원에서 나오는 권력 기반이 없어도 최상의 방안을 제안하고 확산할 필요가 있다. 따라서 그들은 엄청난 인맥과 영향력뿐만 아니라 최고경영자와의 뛰어난 '스폰서' 관계를 구축해야 한다.

내가 지금까지 만나본 가장 능력 있는 CIO들은 다른 사람들이 이루고 있는 성과에 대해 많은 이야기를 들려주었다. 그들은 칭찬에 굉장히 후하다.

비공식 정보망

당신은 다음의 특징을 가진 사무실 내 의사소통 채널을 알고 있는가?

• 매우 빠른 업무 속도
• 즉각적인 업데이트
• 무제한 RAM
• 지속적인 동료의 비평

- 모든 구성원이 하고 있는 일 공개
- 위선 폭로를 전문으로 함
- 자제력 발휘 곤란
- 완전한 자유!

우리는 그것을 '소문'이라고 부른다. 이는 직장 내 사람에게서 사람으로, 또 비공식으로 전파되는 자료나 정보다. 이처럼 소문으로 움직이는 시스템은 기업 내 시스템들 중 가장 강력한 요소이다. 드러나지 않고 통제되지 않는다는 이유만으로 심각하게 받아들일 필요가 없는 것은 아니다. 사람들은 드러내고 인정하지는 않지만, 혁신이 어떤 진전을 보일 것이라고 기대하지 않는 경우가 많다. 그들은 과거에 그런 일이 일어나는 것을 보았다. 소문은, 당신이 위험을 감수하면 비난을 받게 될 테니 그냥 자중하면서 모든 것이 지나갈 때까지 기다리는 게 낫다고 한다. 소문은 영향력을 가지고 있다. 우리는 혁신에 방해가 아닌 도움이 되는 소문이 필요하다.

"잠깐만, 그거 들었어?"

"이봐, 이건 정말 비밀인데, 방금 파티마가 사장한테 실컷 혼났다는군. 기발한 아이디어를 원한다고 해서 가져갔더니, 자, 무슨 일이 벌어졌는지 보라고. 그냥 잠자코 있는 게 최고야."

"있잖아, 니키가 경쟁사에 합작투자를 하자고 제안하고 다녔대. 상사가 가만있지는 않을 거라고 생각했는데, 그래도 니키가 대담한 아이디어를 좋아하는 건 분명한 것 같아!"

"이봐, 그들이 데이브에게 마케팅디렉터 자리를 맡길 생각을 한다는군. 그가 소비자의 집에서 브랜드 개발 회의를 열고 있는 게 분명해. 직원들은 시장과 더 가까워진 기분이 들겠지."

이처럼 복도에서 벌어지는 모든 대화 속에는 개인의 능력, 상사, 조직 전체가 녹아들어 있다. 소문에서 외설스러운 부분을 걸러내면 직장에서 어떻게 행동해야 하는지에 관한 기대가 담긴 중요한 조언을 발견하게 된다. '소문'은 비공식적이지만 무엇이 괜찮고, 괜찮지 않은지를 알려주는, 믿을 수 있는 길잡이이다.

소문은 과거에 일어났던 일을 재료로 가져다가, 당신이 미래에 일어나기를 기대하는 일들에 대해 일종의 홍보를 만들어낸다. 이는 중요하다. 혁신을 위해서는 조직 내 모든 직급의 사람들이 충분히 완성되지 않은 생각을 공유하고, 리더가 아이디어를 주의 깊게 듣고 발전시키거나 정중히 거절할 수 있어야 하기 때문이다. 따라서 핵심 인물에 대한 평판은 중요하다. 그들은 잘 들어주는 사람들인가? 상사에게 다가가서 아이디어를 공유해도 좋은가? 그들은 내게 고함을 지를 것인가? 아니면 입막음을 할 것인가? 그들은 내가 하려는 말에 관심을 가질까? 이런 질문들에 다른 사람들은 어떻게 대답하느냐. 이것이 소문을 통해 확산된다.

'소문'은 어떻게 작동하는가?

폭로

누군가가 말은 이렇게 해놓고 행동은 다르게 하는 걸 포착하는 것은 유쾌한 일이다. 소문은 위선을 드러내고 허풍쟁이를 공격하고 약자를 동정하는 것을 아주 잘한다.

충격과 놀라움의 요소

광고와 마찬가지로 소문의 내용은 약간 충격적인 것을 알고 있다는 이유로 흥미나 전율을 일으키는 요소로 존재하며, 그런 조건에서 지속된다.

작은 정보가 큰 이야기를 만든다

소문은 맹금류처럼 항상 주변을 샅샅이 살피며 아주 사소한 이야깃거리도 덮칠 태세이기 때문에 말을 할 때는 정확해야 한다. 임원 승진과 발령에 관한 문제는 가장 큰 관심거리다. 경영진 내부에서 흘러나오는 가장 미미한 암시도 소문의 거미줄에 걸린다.

소문은 당신이 통제하려고 할수록 더 강해질 뿐이다. 냉혹한 정치체제 하에서 살아본 사람에게 물어보라. 공식 정책에 대한 신뢰도가 낮을수록 소문이 얻는 이익은 더 많다. 하지만 혁신을 더 잘 하기 위해 소문을 의도적으로 이용할 수 있는 방법이 하나 있다. 바로 여기서 '스토리텔링'이 등장한다. 스토리는 가장 오래 통용되는 뉴스로 소문은 그런 것을 좋아한다. 당신이 어떤 이야기를 했는데 몇 년 뒤에 똑같은 이야기를 들었던 적이 있는가? 말했던 당신은 잊고 있었지만 그 이야기는 회사의 전설 같은 것으로 살아 있었던 것이다.

그렇다면 좋은 스토리란 어떤 것일까? 스토리 속에는 항상 5가지 요소가 있다. 지금부터 내가 들려주려는 이야기 속에서 그 요소들을 찾을 수 있는지 보기 바란다.

이것은 모범을 보여준다는 것이 어떤 것인지에 대한 이야기이다.

나는 힘든 혁신 업무를 진행하고 있었다. 고객은 세계적인 주요 은행이었고 우리는 고객 서비스 우수성에 관련된 새로운 모델을 개발하고 있었다. 나와 작업하는 이 소매은행의 책임자는 정말 까다로운 사람이었다. 그는 만날 때마다 나를 닦달했고 내가 내놓는 아이디어마다 붙들고 늘어지면서 많은 부담을 주었다. 이런 행동이 도움이 되기는 하지만 우리는 좋은 관계를 맺지는 못했다. 온종일 걸리는 외부 회의를 기다리는 것은 치과 약속을 기다리는 것만큼이나 싫었다.

그 외부 회의는 월요일에 있었다. 그 회의 때문에 주말을 망쳤기 때문에 잘 기억한다. 나는 완전히 경직된 채로 회사에 갔고 '6시가 되기를 기다리는 게 싫다'는 생각을 하지 않으려고 애썼다. 하지만 이상한 일이 벌어졌다. 내가 회의실로 걸어 들어간 순간 고객이 달라져 있었다. 그는 일어나 나를 따뜻하게 맞아주고는 자기 팀에 나를 소개했다. 그러고는 어떻게 되었을까? 우리는 굉장한 하루를 보냈다. 단 몇 시간 만에 우리는 은행의 더 나은 서비스에 관한 훌륭한 아이디어 몇 가지를 생각해냈다. 하루 일정이 끝나고 그가 다음 단계의 작업으로 넘어가자고 말하면서 나의 승리는 굳어졌다.

다음 날, 나는 그동안 어떤 일이 벌어졌는지 알게 되었다. 우리 팀원인 로빈은 일요일 오후에 유럽 전역에서 날아온 고객사 임원들을 마중하기 위해 히드로 공항으로 나갔다. 로빈은 우리의 프로젝트가 굉장한 서비스를 개발하는 주제였으므로 그것을 도착하는 은행 임원들에게 보여주어야 한다고 생각했다. 그녀는 일요일 출장이 가족 생활을 망친다는 것, 고객사 임원들이 친절한 환영과 런던의 패딩턴역으로 가는 고속열차 승차권, 그리고 팀 전체가 그날 저녁 그 지역 식당에서 식사를 할 수 있는 예약을 정말로 고마워할 거라는 것을 알았다. 심지어는 호텔에 가서 일정을 확인한 다음, 저녁 식사 후에 갈 만한 술집 두 군데를 추천하고 호텔에서 우리 사무실로 찾아가는 방법이 적힌 쪽지를 방에 남겨두었다. 말할 것도 없이, 고객들은 근사한 저녁 시간을 보냈다. 그들은 일요일 출장이라는 불편함을 잊고 즐거운 일요일 밤을 보냈다. 그리고 저녁 식사를 하면서 자기들이 로빈에게 받은 훌륭한 서비스와 그것이 자기들에게 어떤 기분을 안겨주었는지 이야기하고는 서비스 프로젝트를 더욱 강력하게 추진하기로 결정했다.

나는 이 이야기가 모범을 보이는 것의 힘을 잘 보여준다고 생각한다.

어떤가, 이야기가 재미있었는가? 당신은 5가지 요소를 모두 파악했는가? 긱 요소에 대해 직접 별점을 주자.

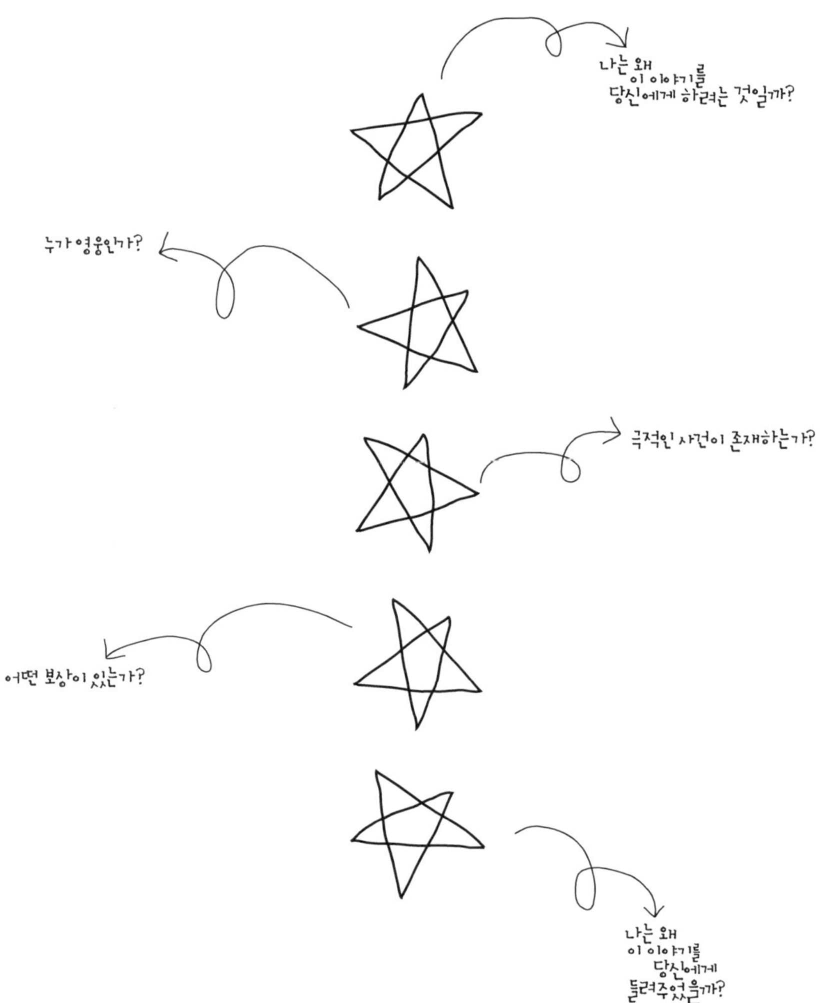
나는 왜
이 이야기를
당신에게 하려는 것일까?
누가 영웅인가?
극적인 사건이 존재하는가?
어떤 보상이 있는가?
나는 왜
이 이야기를
당신에게
들려주었을까?

첫 번째 별점: 나는 왜 이 이야기를 당신에게 하려는 것일까?

나는 서두에서 이 이야기가 모범을 보여준다는 것이 어떤 것인지에 대한 이야기라고 밝혔다.

두 번째 별점: 누가 영웅인가?

스토리텔러는 영웅이 될 수 없다. 그러면 이야기가 아니라 '자랑'이 된다. 이 경우에서 영웅은 로빈이다.

세 번째 별점: 극적인 사건이 존재하는가?

좋은 이야기에는 특색이 있다. 상황이 암울해 보인다. 영웅이 아슬아슬하게 때를 맞추어 하루를 구한다. 이 경우에 나는 회의에 기대를 걸지 않고 있었지만 놀랍게도 갑자기 회의가 굉장한 것으로 변했다.

네 번째 별점: 어떤 보상이 있는가?

이 경우, 나음 단세의 작업으로 넘이기게 한 것이 굉장한 보상이었다. 이야기에서는 언급하지 않았지만 로빈 역시 일을 잘한 것에 대해 인정을 받았다.

다섯 번째 별점: 나는 왜 이 이야기를 당신에게 들려주었을까?

나는 마지막 줄에서 이야기의 핵심을 되풀이해서 밝혔다.

'별점 5개'짜리 이야기를 들려주는 것은 무척 효과적이다. 사람들은 그것을 '받아들이고' 기억한다. 그것은 하나의 기술로, 배우고 기억하고 관리하기 쉽다.

그렇다면 당신이 자신의 조직 안에서 혁신 전략과 혁신 행동에 관해 원하는 이야기는 어떤 것인가? 당신이 들려주고 싶은 이야기를 할 수 있는 기회라면 모두 활용하라. 부서 회의, 워크숍, 점심을 먹으려고 기다리는 줄, 사보, 남자화장실 변기 앞, 접수처의 포스터, 직원에게 보내는 매주 갱신되는 이메일. 이 모두가 당신의 이야기를 끼워 넣을 절호의 기회이다. 좋은 이야기는 계속 회자된다.

좋은 이야기가 서서히 퍼질 거라고 기대하지 마라. 지금 있는 곳에서 나아가 사람들에게 그이야기를 하고 나서, 다시, 또다시 말하라. 오래전에 우리는 왓이프 탑독TopDog 학회의 미국 연수 중에 뉴욕 로체스터에 본사가 있는 식료품 체인인 웨그먼스Wegmans를 방문했다. 그들은 내가 결코 잊지 못할 이야기를 들려주었다. 어떤 메시지를 뿌리내리게 하고 싶다면 그것을 반복하면 된다는 것이었다. 그들은 경험을 통해 중요한 메시지를 일곱 번 반복한다는 법칙을 터득했다. 그렇다고 꼭 일곱 번을 반복하라는 것은 아니었다. 시간이 흐르는 동안 고객과 동료들에게 중요한 메시지는 다양한 형태이지만 적어도 일곱 번은 반복되었다는 점을 확인했다고 한다. 나는 지나치게 예의 바른 영국인과 한국인이 이 부분에서 얼마나 부족한지, 미국인은 또 얼마나 능숙한지 알고는 충격을 받았다. 재미있는 사실은, 우리가 그 주에 유명 사업체 몇 군데를 방문했는데 10년 정도가 지난 지금까지도 웨그먼스의 메시지만 기억난다는 것이다.

하지만 진정한 바이러스성 이야기를 만드는 가장 효과적인 방법은 당신이 실제로 하는 일을 알리는 것이다. 나는 예전에 태국에서도 일한 적이 있었는데, 당시 내 상사는 호주에 살았다. 그는 태국에 올 때는 공항에서 곧바로 호텔로 가서는 씻은 뒤에 옷매무새를 가다듬었다. 하지만 사무실로 오지는 않았다. 그는 우리가 '필드'라고 부르던 곳에 가 있었는데, 그것은 그가 보통 집에서 보통 일을 하며 보통 사람과 어울린다는 뜻이었다. 전략이나 시장조사에 대해서는 많은 말을 하지 않았지만 우리가 시도하고 있는 모든 것을 시장의 현실과 관련지어 이야기했다. '사무실에 오지 않는 보스' 이야기는 전설이 되었고 우리에게는 진정 화제가 되었다. 이로써 고객에게 다가가는 것이 우리의 일이라는 사실이 더욱 굳어졌다.

이 이야기를 비롯하여 전염성을 가진 다른 많은 '비공식 정보망소문' 이야기에서 유념할 부분은 그것이 누군가가 다른 사람에게 해야 한다고 말한 것이 아니라 자신이 실제로 한 이야기에 대한 관찰에 근거하고 있다는 점이다. 나는 혁신가들이 알아야 할 교훈은 타인에게서 보고자 하는 변화를 자기 자신이 보여주어야 하는 것이라고 생각한다. 직장에서 고객과의 연결이 더 많이 필요하다면 당신 자신부터 먼저 연결하면서 시작해보라. 이것을 이해한다면 머지않아 ― 당신 자신의 행동이 진심이라면 ― 다른 사람들이 모방하고 싶은 '비공식 정보망'에 걸리는 이야기가 될 것이다.

> 자기만의 특별한 법칙에 따르는 나쁜 소식 외에는
> 빛의 속도보다 더 빠르게 움직이는 것은 없다

더글러스 애덤스Douglas Adams, 『Mostly Harmless』, 팬북스, 영국, 1992

의미 있는 측정기준을 만들어라

모든 기업활동과 마찬가지로 혁신도 실적을 측정하는 기준이 필요하다. 하지만 혁신은 다른 기업활동보다 확실히 더 많은 위험(과 보상)을 가져온다.

> 일반적인 회계는 대부분
> 혁신에 효과가 없다

혁신 프로젝트의 마지막 단계에서 구하는 프로젝트에 대한 투자 수익이나 프로젝트의 포트폴리오나 유통경로를 평가하기 위한 순현재가치NPV) 계산은 유용하다. 하지만 일반적인 회계는 대부분 혁신에 효과가 없다. 지나치게 정확한 재무 사례를 만든다는 부담을 주는 초기 단계의 계획은 인위적인 결과를 만들고 혁신팀의 사기를 꺾는다. 결국 승자는 아무도 없게 된다.

나는 단계별 점검 프로세스_stage gate process_가 너무 빨리 혁신 계획에 대한 비현실적인 정량적 예측을 강요한다는 것을 알았다. 이는 두 가지 문제를 일으킨다. 먼저, 혁신에 대한 재무 모델이 조작되기 쉽다는 것이다. 매출 가정을 1%만 증가시키면, 10년 후 누적 수익을 크게 증가시킬 수 있다. 그러나 비즈니스 세계는 혁신의 규모를 측정하는 적절한 추적 기록이 없다. 비아그라, 페이스북, 구글, 아이튠즈. 이 모든 거대한 혁신은 모두 그 성장이 예측되지 않았다. 두 번째, 아직 존재하지 않는 혁신을 측정하는 것은 두 배로 불확실하다. 할인현금수지분석법_Discounted Cash Flow analysis, DCF 분석법_은 현재의 안정적인 현금 흐름 위에 미래의 추가 현금 흐름을 더해서 가치를 측정하기 때문에, 종종 매우 낙관적인 결과를 도출한다. 하지만 우리 모두가 알고 있듯이, 우리가 혁신하지 않는다면 현재의 안정적인 현금 흐름은 유지되기 어렵다. 가장 좋게 본다고 해도 현금 흐름이 불안해질 것이라고 예상할 수 있으며, 대부분의 경우 현금 흐름이 감소할 것이라고 가정하는 것이 옳다. 하지만 관행적인 측정방법들은 이러한 불확실성은 다루지 않아 왔다.

혁신가는 아주 초기부터 자신이 어떻게 평가받을지 제시해야 한다. 그렇게 하지 않으면 결국은 CFO가 이미 자신을 평가했다는 것을 깨닫게 된다.

초기 단계의 혁신에는 아이디어의 전개에 관해 자주 이야기하는 사람들이 필요하다. 따라서 대화를 촉진하고 이해관계자들의 참여를 유도할 방안을 마련해야 한다. 논의 중인 아이디어가 너무 없다면 그 문제에 관해 이야기하라. 아이디어가 너무 많다면 역시 그것에 관해 이야기하자. 정말 좋은 상황이지만 그럴 경우 진행할 아이디어의 적정 수에 관해 진지하게 이야기해야 한다.

나는 다음과 같이 혁신과 관련한 적절한 대화를 촉진하는 간단한 기준이 있다는 것을 알았다.

1. 중요도를 기준으로 혁신의 파이프라인을 톱다운top-down 방식으로 본다. 혁신 파이프라인의 가치와 혁신 목표성장 격차를 비교하라. 파이프라인의 가치가 목표의 10배라면 아주 좋을 수 있다. 이 방법은 아주 간단하고 아주 빠르고 논쟁을 자극하기 쉽다.

2. 개별 과제와 혁신 파이프라인에 대해 간단한 평가를 실시한다. 그것이 혁신의 목표로 삼은 재무적 성과를 달성하지 못한다면 지금 얼마나 많은 연구와 프로젝트가 필요할까? 다시 말해, 우리가 충분히 많은 프로젝트와 접촉을 하고 있는지 질문하는 것이다. 우리는 최근에 한 고객과 작업을 하면서 그들이 목표를 달성하기 위해 프로젝트가 3개쯤 더 필요할지도 모른다는 점을 알려줄 수 있었다. 물론 그것은 달갑지는 않지만 중요한 조언이었다.

3. 단계별 프로세스를 통과하는 아이디어의 속도와 성공률을 분석한다. 우리는 얼마나 빨리 아이디어를 시제품으로 만들고, 그것들을 진행하거나 거부하고 있는가? 당신은 아이디어 '진행속도'(혹은 반대로 파이프라인 '점착성')를 효과적으로 측정해야 한다. 판매되지 않은 재고처럼, 교착 상태에 빠진 아이디어에도 비용이 든다.

4. 가치를 창출하는 근본적인 원인을 파악하기 위해 아이디어의 재무적 가치를 깊이 파헤친다. 가령, 태양전지판 혁신 프로젝트의 가치를 측정하느라 시간을 허비하지 말고 새로운 가정용 시공, 기술 효율성이나 정부

입법의 변화 등 태양전지판의 성장 동력을 추적하라는 것이다. 가치 요인의 변화를 평가하면 지원 부서와의 활발한 대화가 가능해진다.

5. 혁신가가 행동으로 자신이 만든 혁신에 투자를 할 수 있는 시장 평가 모델을 만든다. 각 혁신 과제의 가치는 몇몇 현명한 임원과 외부 고문으로 구성된 사업위원회가 결정한다. 그리고 혁신팀 멤버들에게는 혁신에 투자를 할 수 있는 기회를 준다. 실제 현금이 오가게 되면 평가가 더 정확하게 된다. 비슷한 방식으로, 금융회사들은 아이디어 "예측시장"을 만들 수도 있다. 마치 주식투자를 하듯, 가능성 있는 아이디어들을 가상화폐를 가지고 사고파는 것이다. GE는 혁신 과제를 합작투자Joint Venture 방식으로 추진하는데, 합작투자를 하다 보면 혁신의 가치가 보다 정확하게 드러나기 때문이다.

6. 혁신팀의 건전성을 모니터한다. 팀은 얼마나 열정적인가? 그들에 대한 평판은 어떤가? 팀이 '서류 만들기, 보고하기'에 사용하는 시간 대비 '유용하게 사용한 시간'의 비율은 어떤가? 청하지 않은 업무 지원은 얼마나 많은가? 예를 들이, 보잉은 '혁신팀이 얼마나 자주 도움을 요청하는지'를 추적하여 유용하고 식별가능한 척도로 사용한다.

마지막으로 혁신의 재무계획을 만드는 문제에 대해 생각하는 또 다른 방법이 있다. 그것을 '프리베트Free Bet'라고 부르자. 프리베트는 유리한 면upside 을 예측한다기보다는 불리한 면downside 으로 위안을 주는 혁신 척도다.

프리베트는 당신이 달성하려고 하는 수익, 이윤, 시장점유를 약속하지는 않는다. 물론 유리한 예측은 혁신에 불을 밝히기는 한다. 만약 그 보상이

크다면 모두가 진행 상황을 알고 싶어 한다. 하지만 그렇게 내리는 유리한 예측은 정확하지 않을 가능성이 매우 높고, 이것은 당신의 상사가 아주 잘 안다.

바클레이즈 소매 및 비즈니스 은행의 최고경영자인 안토니 젠킨스Antony Jenkins는 혁신에 관한 한 관습적인 투자 기준을 기피한다. 독자들은 그런 공신력이 있는 기관이라면 모든 것에서 이익을 따져볼 거라고 생각할지도 모른다. 하지만 젠킨스는 '초기 단계의 혁신에 있어서는 NPV 계산, 모델, 스프레드시트가 너무 많은 추측을 하기 때문에 이용하기 어렵다'고 믿는다. 그는 오이스터 신용카드를 개발했을 때 '우리가 돈을 얼마나 벌게 될까?'라는 질문은 하지 않았다. 대신 "이 계획이 실행된다는 것을 알려면 얼마나 많은 시간이 필요할까?"라고 물었다. 그는 이렇게 덧붙인다.

"우리는 그 결과를 기준으로 결정만 내렸을 뿐이지, 그걸 지겹도록 분석하고 싶지는 않았습니다."

공격적인 고평가된 숫자보다는
최소한의 저평가된 숫자를 제시하는 것이 훨씬 낫다.

따라서 혁신의 경우에는 이런 '불리한' 예측을 이용하는 게 가끔은 더 낫다. 프로젝트에서 중요한 다음 단계로 넘어가면서, 파일럿 프로젝트의 마무리나 웹사이트 공개까지 드는 비용을 산출해보라. 당신의 상사가 엄청난 위험을 감수할 필요가 없거나 최악의 경우가 그리 나쁘지 않다는 것을 안다면 동의를 얻어낼 가능성이 무척 높다. 공격적인 고평가된 숫자보다는 최소한의 저평가된 숫자를 제시하는 것이 훨씬 낫다.

불리한 예측하에서는 기업가 정신을 더 잘 발휘할 수 있다. 아이디어를 조용히, 그리고 적은 비용으로 추진할 수 있기 때문이다. 손익분기점을 넘기기가 쉬워지고, 최악의 경우에도 일정 금액 이상의 손해는 방지할 수 있다. 따라서 아이디어를 추진할 그린라이트를 더 쉽게 켤 수 있고, 아이디어를 다음 단계로 발전시키기 위해 해야 할 일들을 빨리 시작할 수 있다.

반대론자들을 이기는 방법

기업의 현실은, 한 가지 아이디어에 많은 사람이 매달린다는 것이다. 프로젝트 추진 중에 아이디어에 손을 대고 약간의 변경을 가할 기회도 늘어난다. 각 변화는 대수롭지 않게 보일 수 있지만, 작은 변화들을 쌓아놓다 보면 한때 위대했던 아이디어도 시시한 아이디어로 변하게 된다.

따라서 급작스럽게 발생할 수 있는 모든 문제를 예측하는 게 중요하다. 게다가 이해관계자들 중에는 부정적인 인물이 있을 가능성이 있다. 그들이 팔짱을 풀고 가능성에 눈을 뜨게 해야 한다.

가장 심각한 반대론자를 친근한 사람으로 만드는 방법이 두 가지 있다. 먼저, 비즈니스 책임자로 하여금 고객을 직접 만나보게 하자. 이것은 굉장히 중요한 방법이다. 이것이 명확한 아이디어로 들리는데도 불구하고, 특히 운영, 재무, IT를 비롯하여 '소비자 대면'을 고려하지 않는 임원들이 그런 일을 거의 하지 않는다는 건 놀라울 뿐이다. 고객과의 직접적인 상호작용에서 '찬성/반대'의 결정을 내릴 확신을 갖게 될 것이다. 그들은 숫자를 분석하지만 자기가 만나는 고객을 기억하게 될 것이다. 내 경험으로는, 고객의 눈을 들여다보는 행위는 의심을 지지로 바꾸는 놀라운 힘을 가지고 있다.

둘째, 낙천주의를 키워라. 모든 사람들은 성공적인 혁신과 연결되기를 바라고 어떻게 해서 대담하고 비범한 일이 훌륭하게 수행되었는지 이야기하고 또 이야기하는 걸 좋아한다. 우리의 경험상 반대론자들은 성공을 반박할 수 없다. 그러니 재빨리 작은 성공을 만들어라. 이 프로젝트가 왜 성공적인지 명확히 하라. 어쩌면 그것은 당신이 과제의 범위를 정한 방식이거나 당신이 계속해온 자극에 대한 탐색이거나, 아니면 당신이 아이디어를 실현한 방식일지도 모른다. 당신이 성공인자를 분명히 한다면 가장 비판적인 반대론자도 당신이 그것을 반복하면 안 되는 이유를 제대로 말하지 못할 것이다. 근본적으로 당신은 혁신에 좋은 평판을 만들려고 노력하고 있다. 새로운 방식을 개척하기 위해 싸우고 있는 것이다. 다시 말해 당신은 혁신이 왜 효과가 있으며, 그 보상이 그럴 만한 가치가 있다는 것을 증명해야 한다.

최고의 반대 의견들

1. '실험, 시제품 제작, 베타 테스트. 물론 이것은 첨단 산업에는 좋지만 이 곳은 제약회사이다. 우리는 소비자나 의사들을 그렇게 간섭할 순 없다. 그곳에는 규칙이 있다'

항공·은행·의료 같은 산업이 규제가 많고, 높은 자본이 투입되고, 개 발 주기가 긴 것은 사실이다. 여기서 빠르게 반복해서 실험하는 것은 불 가능해 보인다. 하지만 포기하지 마라. 물론 이런 기업들이 새로운 것을 시도하지 않고 진정한 모험적인 활동에 무감각해진다는 것은 위험한 일 이다. 단기간에 바꿀 수 있는 것을 샅샅이 뒤져보자. 상세한 것들을 바 꿀 수 없다면 겉포장을 바꿀 수는 있지 않을까?

2. '우리는 엔지니어링을 기반으로 하는 기업으로, 직원의 99%는 합리적이 고 비판적인 사고를 하는 사람들이다. 우리는 애매모호한 일은 하지 않 으며, 하루 종일 편안하게 앉아 브레인스토밍을 하지는 않는다'

실제로 엔지니어 조직은 반복 실험을 매우 잘 수행한다. 그들은 실험 을 통해 실험 너머의 원칙들을 빨리 잡아낸다. 그리고 작은 실험을 여러 번 하는 것은 시간이 짧게 소요되고, 실험을 망치더라도 경력에 별 영향 이 없기 때문에, 이런 엔지니어 조직은 더 대담한 혁신을 이룰 가능성이 있다. 하지만 애매함을 피해서는 안 된다. 혁신의 역사는 기존의 생각과 명확한 것들에 집착한 나머지, 변해가는 세상을 제대로 보지 못해서 망 한 기업들의 이야기들로 가득하다. 따라서 너무 괴상하지만 않다면, '계획된 애매함'은 리스크를 줄이는 데 도움이 된다.

브레인스토밍, 특히 큰 규모의 참석자들과 하는 브레인스토밍은 진행하기가 매우 어렵고, 결국 얕은 아이디어만 만들어 내서 참석자들이 별로 만족하지 못한 채 회의를 마치기 쉽다. 반면에 브레인스토밍을 매우 능숙하고 민감하게 진행하면, 팀을 혁신을 향해 뛰도록 만들 수도 있다. 따라서 브레인스토밍에 대한 논란을 피하는 것이 필요하다 ― 나쁜 브레인스토밍은 시간낭비인 것이고, 좋은 브레인스토밍은 가치를 매길 수 없을 정도로 도움이 된다.

Let's Play

　대기업의 혁신에는 부인할 수 없는 진실이 있다. 변화, 그중에서도 특히 파괴적인 변화는 항상 저항과 부딪친다. 그게 순리이다. 내가 관찰한 바로는 이 '진실'에 대해 불평하면서 시간을 허비하는 것보다는 상황의 현실을 인정하고 그것을 방지하기 위해 계획을 세우는 것이 더 나을 수 있다. 다시 말해, 회사라는 조직과의 싸움으로 상처를 입었다면 그냥 그것을 극복하라는 것이다. 당신의 모든 전투는 예측할 수 있고 어느 정도는 미연에 방지할 수 있다.

　따라서 혁신을 시작하기 전, 아직 준비단계일 때 팀을 소집하고 사무실 밖에서 하루 동안 전투 계획을 세워라. 아래 질문에 대해 뚜렷한 답을 얻을 때까지는 방을 나서지 마라.

- 혁신 과제의 틀을 짰는가? 어느 정도의 수익을 예상하고, 어떤 유형의 혁신이 언제까지 필요한가?
- 범위 안과 밖에 무엇이 있는지 명확한가?
- 당신의 평판을 관리하기 위해 비공식 정보망을 어떻게 활용할 것인가?
- 어떻게 프로세스에 집착하기보다 제품에 더 집중할 것인가?
- 당신의 아이디어를 보호해줄 안전지대는 어디인가?
- 회사의 리더는 어떤 역할을 해야 하는가?
- 당신을 평가하는 지원 그룹에 어떤 지원을 요청할 것인가?
- 반대자들은 누구인가? 그들의 지지를 받기 위한 계획은 무엇인가?

전투태세 돌입!

　나는 이 책이 독자로 하여금 혁신에 대해 다시 생각을 하고 눈앞에 놓인 도전에 설레도록 하길 바란다. 새로운 기회의 땅을 찾아 그것을 가치 있는 어떤 것, 당신이 손가락으로 가리키며 '내가 만들었어!'라고 말할 수 있는 것으로 채우는 것보다 더 보람된 것은 없다. 나는 이 책이 혁신으로 가는 당신의 여정에 가속도를 붙이고 내 표현대로 혁신의 진짜 영웅이 되기 위해 할 수 있는 것에 관한 아이디어를 주었기를 바란다.

분명히 이 책은 스타트업Start-up 기업을 위한 것은 아니다. 이 책에 담긴 공통의 주제는 기업이 혁신 능력을 부식시킬 수 있는 영향력이다. 내 생각에 이것은 비즈니스 생애에서 발생하는 자연스러운 진화 과정이다. 하지만 나는 잘못된 개념이 있으면 바로잡고 싶다. 그렇다고 큰 것이 나쁘다는 이야기는 아니다. 실제로 뒤에 기업이라는 배경을 두면 혁신은 세상에 큰 영향력을 영원히 미칠 수 있다. 나는 이제 우리가 불가피한 장애물을 예방하기 위해 기업에서 어떻게 혁신이 이루어지고 있는지 충분히 알고 있다고 믿는다. 이는 20년 전, 심지어 10년 전만 하더라도 사실로 받아들여지지 않았다.

나에게 혁신은 매력적인 개념이다. 그것이 냉철한 비즈니스 세계를 사람에 대한 깊은 이해와 그들의 행동 방식과 연결하기 때문이다. '진정한 혁신의 영웅'의 여정을 가장 간단하게 나타내면 이렇다. 당신은 변화할 결심을 하고 여행을 시작한다. 그리고 자신을 틀에 박히게 만드는 모든 것들을 '잊어야' 한다는 걸 깨닫는다. 당신은 영감을 주는 자극의 세계에 발을 담근다. 그리고 과제에 대해 지나치게 생각하지 않는 가운데 떠오르는 아이디어를 실험한다. 현명한 실험은 기업 조직을 끌어들이고, 당신이 미처 깨닫기도 전에 아이디어에 대한 열의가 고조된다. 마침내 당신은 일정표에 출시 날짜를 표시한다. 내가 보기에 이것은 야망과 겸손의 극적인 조합이며, 나는 기업에서 그런 자신의 '길'을 꿋꿋이 걸어가는 사람들이 더 많아질수록 세상은 더 나은 곳이 될 것이라고 생각한다.

외부인에게 우연에 따른 행운처럼 보일 수 있는 것은 실은 많은 노력의 결과이다. 오로지 진정한 혁신의 영웅만이 자극을 얻으려는 노력이 얼마나 많은 희생을 요구하는지, 혹은 얼마나 많은 실험이 헛된 것이었는지 안다. 또한 그들만이 이해관계자들의 관심을 끌기 위해 얼마나 많은 시간을 보냈는지, 그들과 입을 맞추느라 얼마나 입술이 화끈거렸는지 안다. 그들만이 그것을 안다. 혁신이란 주제가 그토록 매력적인 것은 그 때문이다. 그것은 외부인에게는 마법이지만, 내부인에게는 힘겨운 노동이자 꼭 해야만 할 것 같은 어떤 것이다.

그럼, 행운을 빈다. 하지만 이제 여러분도 알고 있듯이, 행운만으로는 혁신이 생기지 않는다. 여러분에게 가장 좋은 일들만 가득하길, 그리고 여러분 스스로 만든 행운이 함께하길 기원한다.

감사의 말

많은 왓이프 고객사와 존경받는 업계의 리더들에게 감사한다. 그들 덕분에 내 이야기가 생생하게 다가오고, 내 희망이지만, 이 책은 꽤 실용적인 것 같다.

왓이프의 많은 직원들에게도 고마움을 전한다. 그들은 훨씬 더 새로운 것을 시도할 용기를 보여주는 많은 예를 통해서, 또한 지칠 줄 모르는 지원과 조언을 통해서 이 책을 쓰는 데 도움을 주었다. 특히 현명한 조언을 해준 베리 버그, 수정에 또 수정을 가해준 앤디 코머, 이 책을 위해 처음으로 책 커버를 디자인한 커스티 존슨, 멋진 사진들을 정리한 벤 스티븐스, 내 형편을 많이 봐준 앨리슨 보디치, 굉장한 아이디어를 많이 내준 살 파지와니, 내가 회사를 파산시키지 않았다는 걸 입증해준 로빈 프라이스, 내 시간을 관리해준 린 길버트, 성실한 조사를 해준 사라 스미스, 예리한 관찰력을 발휘해준 사라 피치에게 감사한다. 또한 일을 하는 모습을 사진에 담도록 허락해준 많은 왓이프 가족들에게 고맙다는 인사를 전한다.

와일리의 홀리 베니언과 제니 응Ng 은 내가 순조롭게 진행할 수 있게 도와주었다.

많은 사진을 찍어준 www.jakehilderphotography의 제이크 힐더에게도 감사한다.

　마지막으로 나의 멋진 아이들, 홀리와 해리, 그리고 바깥 날씨가 얼마나 좋은지, 내게 좀 쉬어야 할 것 같다는 말을 단 한 번도 해주지 않은 아내 엘리스에게 가장 많이 고맙다고 말하고 싶다. 나를 혼자 내버려두어서 고마워요. 당신의 지원과 믿음, 끝없이 제공해준 차 한잔이 아니었다면 나는 아직 첫 장도 못 벗어나고 헤매고 있었을 겁니다.

맷 킹돈

출처

서문: 혁신의 진정한 영웅들

- 비아그라 이야기는 데이비드 브라운David Brown 박사와의 인터뷰를 바탕으로 구성했다. 더 자세한 내용은 케임브리지대학교 저지경영대학원의 기업학습센터에서 브라운 박사가 진행하는 강의를 참고하기 바란다. http://www.cfel.jbs.cam.ac.uk/programmes/enterprisetuesday/videos.html
- 줄리어스 콤로Julius Comroe 의 말은 줄리어스 콤로의『회고경: 의학적 발견에서의 통찰Retrospectroscope: Insights into Medical Discovery』1977, Von Gehr Publisher 에서 인용했다.
- 비즈니스에서 행운이 기여하는 역할에 관심이 있다면 짐 콜린스Jim Collins 와 모튼 T. 한센Morten T. Hansen 의 『위대한 기업의 선택Great by Choice: Uncertainty, Chaos, and Luck-Why Some Thrive Despite Them All』2011, Harper Collins 을 읽어보기 바란다. 같은 주제의 좋은 책으로는 소어 뮬러와 레인 베커의 『행운을 잡는 8가지 기술Get Lucky: How to Put Planned Serendipity to Work for You and Your Business』2012, Jossey Bass 이 있다.

- 액스·링크스의 이야기는 2002년에서 2006년에 걸쳐 유니레버의 임원들을 비롯하여 액스·링크스 브랜드의 이사인 닐 문Neil Moon 과 함께한 인터뷰에서 빌려왔다.

- 빅토리아 베컴Victoria Beckham 의 말은 『날기 위한 연습: 자서전Learning to Fly: The Autobiography』2005, Penguin Global 에서 인용했다.

- 감성적으로 설득력이 있고 확대하는 목표에 관한 더 많은 내용은 짐 콜린스James Collins 와 제리 포라스Jerry Porras 의 『성공하는 기업들의 8가지 습관Built to Last』2005, Random House Business Books 을 참고하기 바란다. BHAGsBig Hairy Audacious Goals, 크고 위험하고 대담한 목표는 지금까지 만들어진 비즈니스 용어 중에서 최고라고 생각한다.

- ASOS와 하버드대학교 생명과학부의 이야기는 상임 임원들과의 인터뷰에서 빌려왔다.

- 닉 로버트슨Nick Robertson 을 인용한 마지막 문장은 메디 제퍼Medhi Jaffer 와 톰 보델Tom Bordell 이 진행한 'ASOS의 최고경영자 로버트슨과의 인터뷰'에서 발췌했다2011.10.14, Varsity.co.uk . http://www.varsity.co.uk/news/3845

- 기도를 들고 있는 데이비드 그린David Green 의 사진은 데보라 베커 맥클리넌Deborah Becker Mclennan 이 찍었다.

- 해적의 정신에 관한 좋은 논의에 관해서는 애덤 모건Adam Morgan 이 지은 『내면의 해적The Pirate Inside』2004, John Wiley & Sons, Ltd 을 참고하기 바란다.

- 팀의 역할에 관한 모리스 벨빈Maurice Belbin 의 저서에 익숙한 독자라면 '완

결자completer finisher’의 개념을 잘 알 것이다. 나는 항상 그것이 정확성에 대한 강박관념이며, 혁신가에게 요구되는 마무리 능력과는 다르다고 생각했다. 좋은 ‘마지막 주자’는 다른 흥미로운 일로 산만해지는 일 없이 업무 마무리에 대한 끈기와 책임감을 가진 사람이다.

2장 자극을 향한 탐색

- 세계적인 보험회사, 고객의 집으로 아침식사를 하러 간 제빵회사 임원, 제과회사 임원과 ‘고객의 신발’ 연습, 건선 환자, ‘섹스의 미래’에 관한 이야기는 왓이프와 고객사들의 작업에 바탕을 두고 있다.
- 스티브 잡스 인용은 게리 울프Gary Wolf 의 ‘다음의 엄청나게 위대한 것The Next Insanely Great Thing’, 『와이어드*Wired*』 1996 에서 발췌했다
- 코닥 이야기는 이미 잘 알려져 있으며 앨리시아 스워시Alecia Swasy 가 쓴 『초점 바꾸기: *Changing Focus: Kodak and the Battle to Save a Great American Company*』 1997, Random House, Times Business 에 언급되어 있다.
- 크리에이티브 테크놀로지 이야기는 싱가포르의 비즈니스 컨설턴트들과의 인터뷰에서 얻었다.
- 프레시앤이지에 관한 인용은 『이코노미스트』 2007.6.21 와 윌리엄 케이William Kay 의 ‘테스코의 시인: 미국에서 우리가 한 실수’에서 발췌했다. 〈선데이 타임스〉 2009.2.22
- 초고속열차 이야기는 하그로브스K. D. Hargroves , 스미스M. H. Smith 의 ‘자연모방

을 통한 혁신Innovation inspired by nature Biomimicry'에서 가져왔다.
『에코스*Ecos*』·27~28 2006.

- 이지젯과 BP인비고레이트 이야기는 이들 기업과 왓이프의 프로젝트에 근거를 두고 있다.

- 스크린에 애착을 가진 운전사의 사진은 어느 날 아침 일찍 내가 아이폰으로 직접 찍었다.

- 폴 글로리Paul Glory 의 말은 로이스튼 로버츠Royston M. Roberts 의 『세렌디피티, 과학에서의 우연한 발견*Serendipity, Accidental Discoveries in Science*』 1989, John Wiley & Sons, Ltd 에서 발췌하여 인용했다.

3장 아이디어를 현실로

- 부츠, 48 텔레포니카, 다이슨, 메트로, 바클레이즈, 구글, SRI에 관한 이야기와 내용은 상임 임원들과의 인터뷰에 근거힌다.

- 다이슨 관련 이야기는 제임스 다이슨이 쓴 『역경에 맞서서*Against the Odds: An Autobiography*』1997, Orion Publishing 에 실린 인용으로 보충했다.

- 내게 오프사이드 트랩을 가르치는 데이브Dave의 사진은, 제이크 힐더Jake Hilder가 찍었다.

- 에디슨 인용문:

  "어떤 것이 작동하지 않는 1만 가지의 방법을 찾는다면 실패하지 않았을 것이다. 잘못 이행되어 포기한 시도가 흔히 전진의 한 걸음일 때가 있으므로

나는 실망하지 않는다." http://www.thomasedison.com/quotes.html

"나는 완전히 우연에 의해 중요한 일을 한 적이 없다. 내 발명 중에서 그런 식으로 나온 것은 거의 없다. 스스로 분석적이고 고된 작업을 인내하고 견디려고 노력함으로써 그것들을 얻었다." http://www.thomasedison.com/quotes.html

"완벽하게 만족하는 사람을 보여 달라, 그러면 당신에게 실패를 보여주겠다."『토마스 엘바 에디슨의 일기와 잡다한 관찰 *The Diary and Sundry Observations of Thomas Alva Edison*』(1948), 110쪽. wikiquote.org/wiki/Thomas Edison

"단지 무엇이 계획한 대로 이루어지지 않는다는 이유로 그것이 소용없어지는 것은 아니다." http://www.quotationspage.com/quote/394.html

"쉼 없이 도전한다는 것은 불만스럽다는 것이며 불만은 진보의 첫 번째 요건이다." http://www.quotationsbook.com/quote/32668/

"천재는 1%의 영감과 99%의 노력으로 탄생한다. 따라서 '천재'는 자신에게 주어진 숙제를 마친 재능 있는 사람일 때가 많다." http://www.thomasedison.com/quotes.html

- 달걀 떨어뜨리기 실험은 무척 흥미롭다. Steven P. Dow, Kate Heddleston, Scott R. Klemmer의 '시간 제약 조건에서 시제품 제작의 효과 Efficacy of Prototyping Under Time Constraints'에 관해 조금 더 읽어 보기 바란다. 스탠퍼드대학교 HCI 그룹. 컴퓨터공학부, 2009.10.26~30
- 귀 Gü 의 탄생에 관한 이야기는 창립자인 제임스 에버디엑 James Averdieck 에게 직접 들었다.

- 제프 베조스 Jeff Bezos 관련 내용은 '막다른 골목의 탐험가들 Blind-Alley Explorer'에서 발췌했다. 『비즈니스위크』, 2004.8.19 http://www.businessweek.com/bwdaily/dnflash/aug2004/nf20040819_7348_db_81.htm

- 프라푸치노 이야기는 하워드 슐츠와 도리 존스 양이 쓴 『스타벅스: 커피 한 잔에 담긴 성공 신화*Pour Your Heart into It. How Starbucks Built a Company One Cup at a Time*』 1999. Hyperion 에 나와 있다.

4장 충돌의 효과

- 메소드, 구글, 이노센트 이야기는 2009~2012년 사이의 방문과 고위 임원들과의 토론에 의해서 연구된 것이다.

- 내가 내 아이폰으로 찍은 메소드 사진과 왓이프 직원들이 찍은 TV와 유럽 소매 체인 사진, 자포스에서 제공한 사진을 제외한 모든 사진은 제이크 힐더 Jake Hilder 가 촬영했다. 도움을 준 UKTV와 구글, 그리고 자포스에 감사의 인사를 보낸다.

- 윈스턴 처칠이 영국건축가협회에서 한 연설은 1924년에 보도되었다.

- 브레드 버드 Brad Bird 이야기에 관해 더 읽고 싶으면 헤이야그리바 라오 Hayagreeva Rao, 로버트 수턴 Robert Sutton, 앨런 웹 Allen P. Webb 의 '픽사로부터 듣는 혁신의 교훈: 오스카상 수상자 브레드 버드와의 인터뷰'를 참고하기 바란다(『*McKinsey Quarterly*』 2008.4).

http://www.mckinseyquarterly.com/Innovation_lessons_from_Pixar _
An_Interview_with_ Oscar-winning_director_Brad _Bird_2127_abstract

- 칸막이와 사과에 관한 더 많은 내용은 줄리 슬로서 Julie Schlosser 의 '칸막이: 최대의 실수Cubicles: The Great Mistake'〈포천Fortune Magazine〉2006 에서 참고하기 바란다. http://money.cnn.com/2006/03/09/magazines/fortune/cubicle_howiwork_fortune/

- 밸브의 편람에 관해 더 많이 알고 싶다면 valvesoftware.com 참고. 아울러 인 쉐인 쇼 Shane Show 가 『빠른 회사Fast Company』에서 밸브의 편람에 관해 쓴 흥미로운 기사는 다음 사이트에서 찾아보기 바란다. http://www.fastcompany.com/1835546/you-re-hired-now-figure-things-out-with-the-help-of-this-whimsical-handbook

- '뒤섞는'의 정의. Merriam_Webster.com. http://www.merriam-webster.com 2012.4

- 페차쿠차에 관한 더 많은 정보는 pecha-kucha.org와 klein-dytham.com 을 참고하기 바란다.

- 자포스 이야기는 Joseph A. Michelli가 쓴 『자포스의 경험Zappos Experience』에서 발췌했다 2012, McGraw-Hill .

- 엑스터대학교의 근무 공간 설계 참여에 관해서는 엑스터대학교의 'Designing Your Own Workspace Improves Health, Happiness and Productivity 당신만의 근무 공간을 설계한다면 건강, 행복, 생산성이 개선된다', 〈사이언스데일리〉2010.9.7 에 설명되어 있다. http://www.sciencedaily.com/releases/2010/09/100907104035.htm

• 나는 물리적 환경이 우리에게 미치는 영향에 관한 책 중에서 크리스토퍼 알렉산더 Christopher Alexander , 사라 이시가와 Sara Ishikawa , 머레이 실버스타인 Murray Silverstein 의 『패턴 언어*A Pattern language*』 1977, Oxford University Press 가 최고라고 생각한다.

5장 조직과의 전투

• 웨그먼스, 킹피셔, UKTV, 이노센트, 알리바바, 삼성, 바클레이즈, 러브필름, 유니레버, SRI에 관한 내용과 이야기는 상임 임원들과의 토론에 근거한다.
• 위키피디아에 2CV의 탁월한 역사가 소개되어 있다.
  http://en.wikipedia.org/wiki/Citro%C3%ABn_2CV
• 누구에게나 있을 법한 '내 생애 첫 차' 사진은 내 어머니의 작품이다.
• 세면대가 달린 변기 사진은 킹피셔 그룹에서 제공했다.
• 에릭 슈미트 인용은 제임스 매니커 James Manyika 가 쓴 기사 '비즈니스의 미래에 관한 구글의 견해: Google's View on the Future of Business: An Interview with CEO Eric Schmidt', 『*McKinsey Quarterly*』 2008.9 를 참고하기 바란다. www.mckinseyquarterly.com/Googles_view_on_the_future_of_business_An_Interview_with_CEO_Eric_Schmidt_2229
• 삼성의 혁신 방식에 관한 더 많은 내용은 삼성 글로벌제품혁신팀

의 이윤철 상무가 컬럼비아 경영대학원의 글로벌 브랜드 리더십 센터에 전한 이야기를 참고하기 바란다. http://www.youtube.com/watch?v=YRCip1KDR18

- 알리바바 관련 내용은 '테크노드(TechNode:http://technode.com/2009/01/22/ a-brief-history-and-future-of-alibabacom '와 2010년 12월 29일자, 2013년 3월 23일자 〈이코노미스트〉에서 빌려왔다.

- 더글러스 애덤스 Douglas Adams , 『주로 무해한 *Mostly Harmless*』 1992, Pan Books, UK

- 보잉 관련 내용은 다음 사이트에 근거한다. http://www.innovation-management.org/Wiki/index.php?title=R%26D_Management

- IESE와 Capgemini컨설팅이 최근에 실시한 설문조사에서 응답자의 43%는 공식적으로 혁신 임원이 있다고 말한 것으로 나타났다. 이는 이전 조사에서 같은 응답을 한 33%보다 두드러지게 높아진 수치이다. Capgemini컨설팅과 IESE 경영대학원의 밀러 Miller , 크로크기에스터스 Klokgieters , 브랑코빅 Brankovic , 듀펜 Duppen 이 실시한 『혁신 리더십 연구 *Innovation Leadership Study*』 2012.3 참고.

저자소개

맷 킹돈 Matt Kingdon

왓이프? What If! 공동창립자, 공동대표, 최고열정가 Chief Ethusiast

1992년에 데이브 앨런과 함께 왓이프를 창립했다. 그들의 목표는 혁신을 열망하지만 그것을 일으킬 방법을 고민하는 고객들과 협력하는 것이었다.

왓이프는 브라질·중국·싱가포르·미국·영국에 지사를 두고 있으며, 전 분야를 망라하는 기업들과 파트너 관계를 맺고 있다. 2004년과 2005년에는 일하기 좋은 회사 연구소 Great Place to Work Institute 와 〈파이낸셜타임스〉가 선정하는 '영국 최고의 중소기업상'에서 전례 없이 2년 연속 최고상을 수상하는 기염을 토했다. 베스트셀러에 오른 도서 『혁신의 기술 Sricky Wisdom』의 공저자인 맷은 혁신이라는 주제에 관해 자주 이야기한다. 그는 이렇게 말한다.

"나는 목표를 시각화하는 것이 얼마나 유용한지, 그리고 모두가 혁신의 흥분과 여정을 끝까지 함께하도록 이끄는 것이 얼마나 중요한지 깨달았다. 우리는 혁신을 예측한다는 명분으로 너무 많은 시간을 사무실에 앉아서 보낸다."

맷이 가장 중요하게 여기는 신념은, 잠자는 거인에서 날렵한 혁신가로 변신하려는 기업이 당면하는 핵심 과제는 전략보다는 인간적인 것에 더 가깝다는 것이다. 남의 말을 경청하고, 실험하고, 기업에 닥치는 불가피한 문제를 극복하기 위한 새로운 아이디어를 현실화하는 능력. 이런 능력은 '기발한' 생각과 묵직한 서류뭉치보다 더 중요하며, 혁신의 승리자와 낙오자를 판가름한다.

맷은 왓이프 이전에 유니레버 브랜드 마케팅 부서에서 일했으며, 처음에는 영국에서, 나중에는 동남아시아와 중동 지역으로 이동했다. 현재는 가족과 함께 런던에 거주하고 있다. 그의 취미라면 뛰지 말았어야 하는 마라톤을 하고 난 뒤에 무릎에서 연골을 제거하는 것이다.